에듀윌과 함께 시작하면,
당신도 합격할 수 있습니다!

오랜 직장 생활을 마감하며 찾아온 앞날에 대한 막연한 두려움
에듀윌만 믿고 공부해 합격의 길에 올라선 50대 은퇴자

출산한지 얼마 안돼 독박 육아를 하며 시작한 도전!
새벽 2~3시까지 공부해 8개월 만에 동차 합격한 아기엄마

만년 가구기사 보조로 5년 넘게 일하다, 달리는 차 안에서도
포기하지 않고 공부해 이제는 새로운 일을 찾게 된 합격생

누구나 합격할 수 있습니다.
시작하겠다는 '다짐' 하나면 충분합니다.

마지막 페이지를 덮으면,

에듀윌과 함께
공인중개사 합격이 시작됩니다.

14년간 베스트셀러 1위
에듀윌 공인중개사 교재

탄탄한 이론 학습! 기초입문서/기본서/핵심요약집

기초입문서(2종)

기본서(6종)

1차 핵심요약집+기출팩(1종)

출제경향 파악, 실전 엿보기! 단원별/회차별 기출문제집

단원별 기출문제집(6종)

회차별 기출문제집(2종)

다양한 문제로 합격점수 완성! 기출응용 예상문제집/실전모의고사

기출응용 예상문제집(6종)

실전모의고사(2종)

* 2023 대한민국 브랜드만족도 공인중개사 교육 1위 (한경비즈니스)
* YES24 수험서 자격증 공인중개사 베스트셀러 1위 (2011년 12월, 2012년 1월, 12월, 2013년 1월~5월, 8월~12월, 2014년 1월~5월, 7월~8월, 12월, 2015년 2월~4월, 2016년 2월, 4월, 6월, 12월, 2017년 1월~12월, 2018년 1월~12월, 2019년 1월~12월, 2020년 1월~12월, 2021년 1월~12월, 2022년 1월~12월, 2023년 1월~12월, 2024년 1월~11월 월별 베스트, 매월 1위 교재는 다름)
* YES24 국내도서 해당분야 월별, 주별 베스트 기준

합격을 위한 비법 대공개! 합격서

이영방 합격서
부동산학개론

심정욱 합격서
민법 및 민사특별법

임선정 합격서
공인중개사법령 및 중개실무

김민석 합격서
부동산공시법

한영규 합격서
부동산세법

오시훈 합격서
부동산공법

신대운 합격서
쉬운민법

취약점 보완에 최적화! 저자별 부교재

임선정 그림 암기법
공인중개사법령 및 중개실무

오시훈 키워드 암기장
부동산공법

심정욱 합격패스 암기노트
민법 및 민사특별법

심정욱 핵심체크 OX
민법 및 민사특별법

시험 전, 이론&문제 한 권으로 완벽 정리! 필살키

이영방 필살키

심정욱 필살키

임선정 필살키

오시훈 필살키

김민석 필살키

한영규 필살키

신대운 필살키

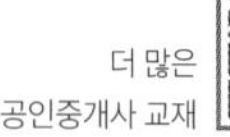
더 많은
공인중개사 교재

* 해당 교재의 이미지는 변경될 수 있습니다.

eduwill

공인중개사,
에듀윌을 선택해야 하는 이유

8년간 아무도 깨지 못한 기록

합격자 수 1위

합격을 위한 최강 라인업

1타 교수진

공인중개사

합격만 해도 연 최대 300만원 지급

에듀윌 앰배서더

업계 최대 규모의 전국구 네트워크

동문회

* 2023 대한민국 브랜드만족도 공인중개사 교육 1위 (한경비즈니스)
* KRI 한국기록원 2016, 2017, 2019년 공인중개사 최다 합격자 배출 공식 인증 (2024년 현재까지 업계 최고 기록) * 에듀윌 공인중개사 과목별 온라인 주간반 강사별 수강점유율 기준 (2024년 11월)
* 앰배서더 가입은 에듀윌 공인중개사 수강 후 공인중개사 최종 합격자이면서, 에듀윌 공인중개사 동문회 정회원만 가능합니다. (상세 내용 홈페이지 유의사항 확인 필수)
* 에듀윌 공인중개사 동문회 정회원 가입 시, 가입 비용이 발생할 수 있습니다. * 앰배서더 서비스는 당사 사정 또는 금융당국의 지도 및 권고에 의해 사전 고지 없이 조기종료될 수 있습니다.

합격자 수 1위 에듀윌 7만 건이 넘는 후기

고○희 합격생

부알못, 육아맘도 딱 1년 만에 합격했어요.

저는 부동산에 관심이 전혀 없는 '부알못'이었는데, 부동산에 관심이 많은 남편의 권유로 공부를 시작했습니다. 남편 지인들이 에듀윌을 통해 많이 합격했고, '합격자 수 1위'라는 광고가 좋아 에듀윌을 선택하게 되었습니다. 교수님들이 커리큘럼대로만 하면 된다고 해서 믿고 따라갔는데 정말 반복 학습이 되더라고요. 아이 둘을 키우다 보니 낮에는 시간을 낼 수 없어서 밤에만 공부하는 게 쉽지 않아 포기하고 싶을 때도 있었지만 '에듀윌 지식인'을 통해 합격하신 선배님들과 함께 공부하는 동기들의 위로가 큰 힘이 되었습니다.

이○용 합격생

군복무 중에 에듀윌 커리큘럼만 믿고 공부해 합격

에듀윌이 합격자가 많기도 하고, 교수님이 많아 제가 원하는 강의를 고를 수 있는 점이 좋았습니다. 또, 커리큘럼이 잘 짜여 있어서 잘 따라만 가면 공부를 잘 할 수 있을 것 같아 에듀윌을 선택했습니다. 에듀윌의 커리큘럼대로 꾸준히 따라갔던 게 저만의 합격 비결인 것 같습니다.

안○원 합격생

5개월 만에 동차 합격, 낸 돈 그대로 돌려받았죠!

저는 야쿠르트 프레시매니저를 하다 60세에 도전하여 합격했습니다. 심화 과정부터 시작하다 보니 기본이 부족했는데, 교수님들이 하라는 대로 기본 과정과 책을 더 보면서 정리하며 따라갔던 게 주효했던 것 같습니다. 합격 후 100만 원 가까이 되는 큰 돈을 환급받아 남편이 주택관리사 공부를 한다고 해서 뒷받침해 줄 생각입니다. 저는 소공(소속 공인중개사)으로 활동을 하고 싶은 포부가 있어 최대 규모의 에듀윌 동문회 활동도 기대가 됩니다.

다음 합격의 주인공은 당신입니다!

더 많은 합격 비법

* 에듀윌 홈페이지 게시 건수 기준 (2024년 11월 기준)
* 2023 대한민국 브랜드만족도 공인중개사 교육 1위 (한경비즈니스)

두문자 암기법으로 공시법을 쉽고 빠르게!

석's 공시법 두문자 암기코드

암기코드	개념	내용
01 인떨여	신규등록 및 등록전환 시 본번을 부여하는 경우	**인**접한 경우, 멀리 **떨**어져 있는 경우, **여**러 필지인 경우 p. 13, 14, 15
02 지축행	도시개발사업 시행지역의 지번부여 방법을 준용하는 경우	**지**번변경, **축**척변경, **행**정구역 개편 p. 14, 15, 16
03 반지축	시 · 도지사 또는 대도시 시장의 승인 사항	지적공부 **반**출, **지**번변경, **축**척변경 p. 16, 33, 45
04 암자모습황	지목이 '임야'인 토지	**암**석지, **자**갈땅, **모**래땅, **습**지, **황**무지 p. 17
05 차장천원	지목 표기 시 차문자를 쓰는 경우	주**차**장, 공**장**용지, 하**천**, 유**원**지 p. 20
06 도도공판	토지분할 시 지상건축물이 예외적으로 걸릴 수 있는 경우	**도**시 · 군관리계획선, **도**시개발사업, **공**공사업, 확정**판**결 p. 21
07 현경이 통과	지적측량성과를 검사하지 않거나 면적측정을 하지 않는 경우	지적**현**황측량, **경**계복원측량 p. 22, 58
08 목도장	지**목**을 등록하는 지적공부	지적**도** · 임야**도**, 토지대**장** · 임야대**장** p. 20, 24, 27, 30
09 면장	**면**적을 등록하는 지적공부	토지대**장** · 임야대**장** p. 24, 29, 30
10 경도	**경**계를 등록하는 지적공부	**도**면(지적도, 임야도) p. 30
11 소대장	**소**유자 및 소유자가 변경된 날과 그 원인을 등록하는 지적공부	**대장**(토지대장, 임야대장, 공유지연명부, 대지권등록부) p. 24, 26, 30
12 지대공	소유권 **지**분을 등록하는 지적공부	**대**지권등록부, **공**유지연명부 p. 26, 30
13 고장도 없다	**고**유번호와 **장**번호는 지적**도** · 임야**도**에만 등록하지 않는다(**없다**).	토지대장, 임야대장, 공유지연명부, 대지권등록부, 경계점좌표등록부에는 등록한다. p. 24, 26, 29, 30
14 도장경	**도**면번호를 등록하는 지적공부	토지대**장** · 임야대**장** · **경**계점좌표등록부 p. 24, 30
15 개사장	**개**별공시지가와 토지이동**사**유를 등록하는 지적공부	토지대**장** · 임야대**장** p. 24, 30
16 공주가족등기	국토교통부장관이 지적공부를 과세나 부동산정책자료 등으로 활용하기 위하여 요청할 수 있는 자료	**공**시지가전산자료, **주**민등록전산자료, **가족**관계등록전산자료, 부동산**등기**전산자료 p. 35
17 공통1520	축척변경 절차 중의 기간	• 청산금 **공**고 – **15**일 이상 • 청산금 **통**지 – **20**일 이내 p. 46, 47

암기코드	개념	내용
18 축복 현경이 바다 분할등기 후 확정신차려 재검했다	지적측량 대상	축척변경측량, 복구측량, 지적현황측량, 경계복원측량, 바다로 된 토지의 등록말소측량, 분할측량, 등록전환측량, 기초측량, 지적확정측량, 등록사항정정측량, 신규등록측량, 지적재조사측량, 검사측량 p. 56
19 재검	측량의뢰의 대상이 아닌 지적측량	지적재조사측량, 검사측량 p. 58
20 대접	등기의 순위를 정하는 기준	대지권에 대한 등기로서의 효력이 있는 등기와 대지권의 목적인 토지의 등기기록 중 해당 구에 한 등기의 순서는 접수번호에 따른다. p. 71
21 대목토, 대표, 대뜻	대지권 3종 세트	• 대지권의 목적인 토지의 표시 – 1동 건물 표제부 • 대지권의 표시 – 전유부분 건물 표제부 • 대지권이라는 뜻의 등기 – 토지 등기기록 해당 구 〈직권등기〉 p. 79
22 경촉	경매와 관련된 모든 등기는 촉탁으로 실행한다.	경매개시결정등기, 경매로 인한 소유권이전등기 등 p. 88
23 혼신	혼동으로 권리가 소멸하는 경우	단독신청으로 말소한다. p. 94, 148
24 필승의공	등기신청 시 등기필정보를 제공하는 경우	승소한 등기의무자가 단독신청하는 경우, 공동신청하는 경우 p. 98, 99, 109
25 계소리	농지취득자격증명을 제공하는 경우	'계약을 원인으로 소유권이전등기'를 신청하는 때이다. p. 102
26 재대하고 외출해서 법주마시고 비시댄다	부동산등기용 등록번호 부여기관	• 재외국민 – 대법원 소재지 관할 등기소의 등기관 • 외국인 – 지방출입국 · 외국인관서의 장 • 법인 – 주된 사무소 소재지 관할 등기소의 등기관 • 비법인(= 법인 아닌) 사단 · 재단 – 시장 · 군수 · 구청장 p. 103
27 대표보이	대장(= 부동산의 표시를 증명하는 정보)을 제공하는 경우	표제부등기(부동산의 표시변경등기, 멸실등기), 소유권보존등기, 소유권이전등기 p. 103, 142, 151
28 전원보상	반드시 **전원명의**로 실행하여야 하는 등기	소유권보존등기, 상속등기 p. 106, 116, 122
29 지가유	자기 지분만에 대하여 할 수 있는 등기	• 수인의 가등기권리자 중 1인의 지분만에 대한 본등기 신청은 가능하다. • 수인의 포괄유증을 받은 자 중 1인의 지분만에 대한 소유권이전등기 신청은 가능하다. p. 106, 157
30 보설이가추가	등기를 마친 후 등기필정보를 작성하는 경우	보존등기, 설정등기, 이전등기, 가등기, 권리자를 추가하는 경우 p. 108, 109
31 전이후경	협의분할에 의한 상속등기하는 방법	• 법정지분에 따른 상속등기 전에 협의분할한 경우 – 이전등기 • 법정지분에 따른 상속등기 후에 협의분할한 경우 – 경정등기 p. 122

암기코드	개념	내용
32 특✕미쳐	유증으로 인한 소유권이전등기하는 방법	**미**등기부동산에 대하여 **특**정유증의 경우만 상속인 명의로 보존등기를 거**쳐** 수증자 명의로 소유권이전등기를 한다. p. 124
33 전주일부	말소회복등기하는 방법	• **전**부말소회복등기 – **주**등기 • **일**부말소회복등기 – **부**기등기 p. 150, 152
34 가가단	가등기 단독신청	**가**등기**가**처분명령에 의한 가등기는 가등기권리자의 **단**독신청으로 실행한다. p. 155
35 처가촉	처분금지가처분등기 실행 방법	**처**분금지**가**처분등기는 법원의 **촉**탁으로 실행한다. p. 155
36 그때 그 사람	가등기에 기한 본등기 시 등기의무자	가등기 후 소유권이 제3취득자에게 이전되더라도 본등기 시 등기의무자는 제3취득자가 아니라 **가등기 당시의 소유자**(= 그때 그 사람)이다. p. 157
37 용용죽겠지	용익권설정가등기 후 본등기 시 직권말소 여부	**용**익권(지상권, 전세권, 임차권)설정가등기 후에 마쳐진 등기 중 본등기 시 **용**익권만 직권**말소된다**. p. 159
38 저는 괜찮아유	저당권설정가등기 후 본등기 시 직권말소 여부	**저**당권설정가등기 후에 마쳐진 모든 등기는 본등기되더라도 말소되지 않고 **괜찮다**. p. 159
39 판단	가처분채권자가 승소한 경우 가처분등기 이후에 마쳐진 등기	가처분채권자가 **판**결받아 **단**독신청으로 말소한다. p. 161, 162

시작하는 방법은
말을 멈추고
즉시 행동하는 것이다.

– 월트 디즈니(Walt Disney)

2025

에듀윌 공인중개사

김민석 합격서

부동산공시법

"머리에 꽂히는 이미지 학습법으로 공시법이 쉬워집니다."

공인중개사 시험은 평균 60점 이상이면 합격하는 절대평가 방식으로 시행됩니다. 출제된 문제 중 60퍼센트 이상만 맞히면 합격할 수 있다는 의미입니다. 이러한 시험의 성격을 고려하여 수험생의 학습 부담을 줄이고 시험에 최적화된 교재가 될 수 있도록 본서를 다음과 같은 특징으로 구성하였습니다.

첫째, 수업 중 설명을 교재에 그대로 수록하여 필기의 부담을 줄이고 최대한 수업과 연계되도록 하였습니다.

둘째, 복잡한 내용을 표로 정리하여 일목요연하게 내용을 파악할 수 있도록 하였습니다.

셋째, 기출 분석을 바탕으로 학습량을 줄였습니다. 핵심내용만 반복 학습이 가능해지므로 그만큼 합격 가능성은 올라갑니다.

합격서는 두껍지는 않지만 합격에 요구되는 핵심내용을 모두 담고 있어 여러분의 합격을 책임지기에 충분합니다. 여러분의 시간과 노력이 본서와 함께한다면 훌륭한 결실을 맺을 것이라 확신합니다. 여러분의 합격을 진심으로 기원합니다.

약력

- 現 에듀윌 부동산공시법 전임 교수
- 前 방송대학TV(2013년~2019년) 강사
- 前 주요 공인중개사학원 부동산공시법 강사

저서

에듀윌 공인중개사 부동산공시법 기초입문서,
기본서, 단단, 합격서, 단원별/회차별 기출문제집,
핵심요약집, 기출응용 예상문제집, 실전모의고사, 필살키 등 집필

김민석T 인스타그램
(@kimminseok1207)

합격생이
가장 많이 언급한

합격서 극찬포인트 TOP3

학습량 1/3 Down

얇지만 기출문제를 모두 분석! 빈출 포인트만을 선별하여 수록한 군살 없는 저지방 교재입니다.

합격생 박*경님(30대)

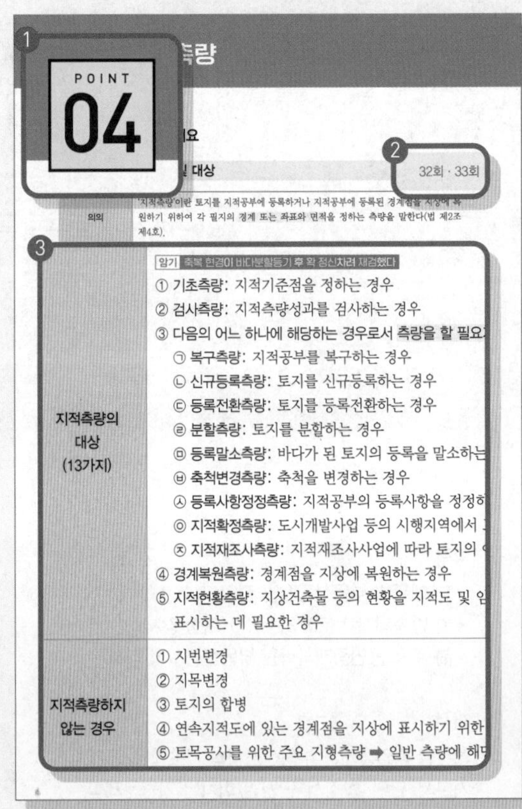

의의	'지적측량'이란 토지를 지적공부에 등록하거나 지적공부에 등록된 경계점을 지상에 복원하기 위하여 각 필지의 경계 또는 좌표와 면적을 정하는 측량을 말한다(법 제2조 제4호).
지적측량의 대상 (13가지)	암기 축복 한경이 바다분할등기 후 확 정신차려 재검했다 ① 기초측량: 지적기준점을 정하는 경우 ② 검사측량: 지적측량성과를 검사하는 경우 ③ 다음의 어느 하나에 해당하는 경우로서 측량을 할 필요 ㉠ 복구측량: 지적공부를 복구하는 경우 ㉡ 신규등록측량: 토지를 신규등록하는 경우 ㉢ 등록전환측량: 토지를 등록전환하는 경우 ㉣ 분할측량: 토지를 분할하는 경우 ㉤ 등록말소측량: 바다가 된 토지의 등록을 말소하는 ㉥ 축척변경측량: 축척을 변경하는 경우 ㉦ 등록사항정정측량: 지적공부의 등록사항을 정정하 ㉧ 지적확정측량: 도시개발사업 등의 시행지역에서 ㉨ 지적재조사측량: 지적재조사사업에 따라 토지의 ④ 경계복원측량: 경계점을 지상에 복원하는 경우 ⑤ 지적현황측량: 지상건축물 등의 현황을 지적도 및 표시하는 데 필요한 경우
지적측량하지 않는 경우	① 지번변경 ② 지목변경 ③ 토지의 합병 ④ 연속지적도에 있는 경계점을 지상에 표시하기 위한 ⑤ 토목공사를 위한 주요 지형측량 ➡ 일반 측량에 해당

1. 핵심포인트만 엄선하여 수록
2. 최신 5개년 기출 회차 표기
3. 방대한 이론을 표로 압축하여 정리

현장감 100%

민석쌤의 강의 노하우가 가득! 강의 중 설명하시는 내용이 다 들어 있어서 강의를 듣는 기분이었어요. 합격생 배*호님(40대)

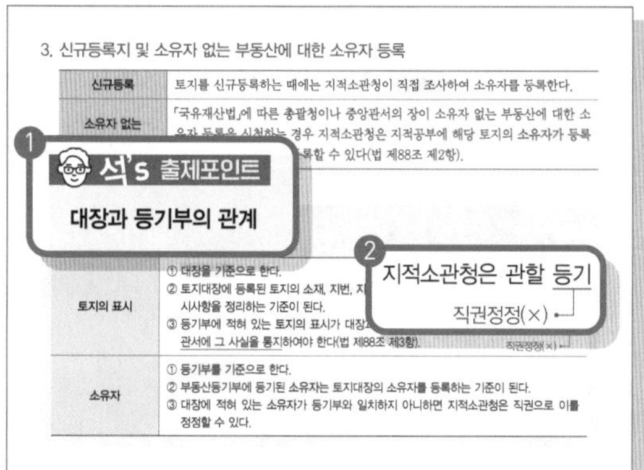

3. 신규등록지 및 소유자 없는 부동산에 대한 소유자 등록
신규등록
토지를 신규등록하는 때에는 지적소관청이 직접 조사하여 소유자를 등록한다.
소유자 없는
「국유재산법」에 따른 총괄청이나 중앙관서의 장이 소유자 없는 부동산에 대한 소
1
석's 출제포인트
대장과 등기부의 관계
2
지적소관청은 관할 등기
직권정정(×)
토지의 표시
① 대장을 기준으로 한다.
② 토지대장에 등록된 토지의 소재, 지번, 지
③ 등기부에 적혀 있는 토지의 표시가 대장
소유자
① 등기부를 기준으로 한다.
② 부동산등기부에 등기된 소유자는 토지대장의 소유자를 등록하는 기준이 된다.
③ 대장에 적혀 있는 소유자가 등기부와 일치하지 아니하면 지적소관청은 직권으로 이를 정정할 수 있다.

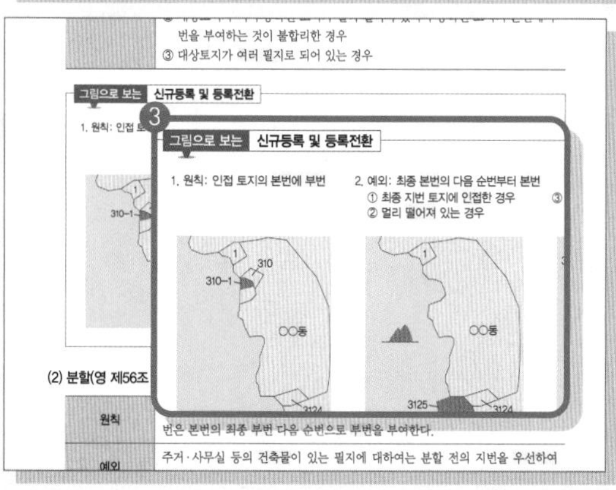

번을 부여하는 것이 불합리한 경우
③ 대상토지가 여러 필지로 되어 있는 경우
3
그림으로 보는 신규등록 및 등록전환
1. 원칙: 인접 토지의 본번에 부번
2. 예외: 최종 본번의 다음 순번부터 본번
① 최종 지번 토지에 인접한 경우
② 멀리 떨어져 있는 경우
310
310-1
○○동
3125
3124
(2) 분할(영 제56조
원칙
예외
주거·사무실 등의 건축물이 있는 필지에 대하여는 분할 전의 지번을 우선하여

1. 민석쌤의 합격필살기를 출제포인트로 수록
2. 강의식 첨삭으로 풍부한 보충설명
3. 이해를 돕는 다양한 그림 자료 수록

스피드 ×2 Up

달달 외우지 않아도 어느새 각인! 두문자 암기법으로 시험장에서도 빠르게 문제를 풀 수 있었어요. 합격생 김*정님(40대)

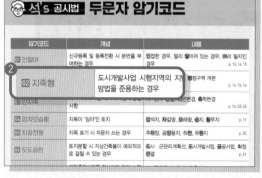

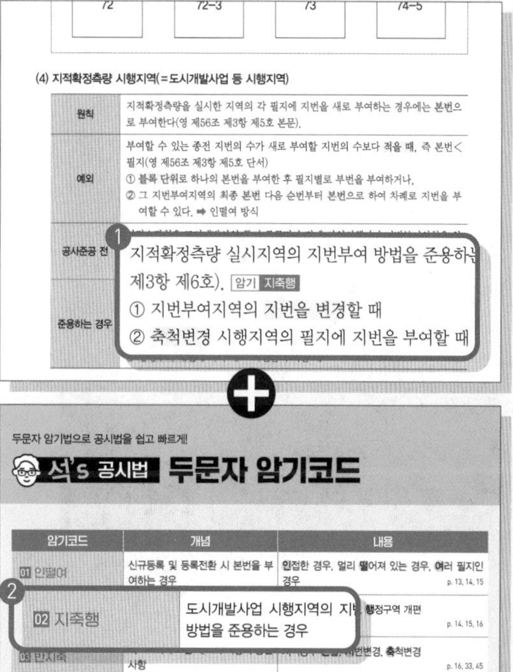

(4) 지적확정측량 시행지역(=도시개발사업 등 시행지역)
원칙
지적확정측량을 실시한 지역의 각 필지에 지번을 새로 부여하는 경우에는 본번으로 부여한다(영 제56조 제3항 제5호 본문).
예외
부여할 수 있는 종전 지번의 수가 새로 부여할 지번의 수보다 적을 때, 즉 본번<필지(영 제56조 제3항 제5호 단서)
① 블록 단위로 하나의 본번을 부여한 후 필지별로 부번을 부여하거나,
② 그 지번부여지역의 최종 본번 다음 순번부터 본번으로 하여 차례로 지번을 부여할 수 있다. ➡ 인멀여 방식
공사준공 전
준용하는 경우
1
지적확정측량 실시지역의 지번부여 방법을 준용하는
제3항 제6호). 암기 지축행
① 지번부여지역의 지번을 변경할 때
② 축척변경 시행지역의 필지에 지번을 부여할 때
두문자 암기법으로 공시법을 쉽고 빠르게!
석's 공시법 두문자 암기코드
암기코드 | 개념 | 내용
01 인멀여 | 신규등록 및 등록전환 시 본번을 부여하는 경우 | 인접한 경우, 멀리 떨어져 있는 경우, 여러 필지인 경우
2
02 지축행 | 도시개발사업 시행지역의 지번부여 방법을 준용하는 경우 | 행정구역 개편
03 단지축
04 암자모습황 | 지목이 '임야'인 토지 | 암석지, 자갈땅, 모래땅, 습지, 황무지
05 차장천원 | 지목 표기 시 차문자 쓰는 경우 | 주차장, 공장용지, 하천, 유원지
06 도도공판 | 토지분할 시 지상건축물이 예외적으로 걸릴 수 있는 경우 | 도시·군관리계획선, 도시개발사업, 공공사업, 확정판결

1. 형광펜 표시로 주요 포인트만 짚어보는 2배속 회독법
2. 두문자 암기코드로 쉽고 재미있는 2배속 암기법

합격이론만
꾹 눌러담은

차례

PART 1 공간정보의 구축 및 관리 등에 관한 법률

PART 2 부동산등기법

PART 1

공간정보의 구축 및 관리 등에 관한 법률

POINT 01

토지의 등록

그림으로 보는 토지의 등록

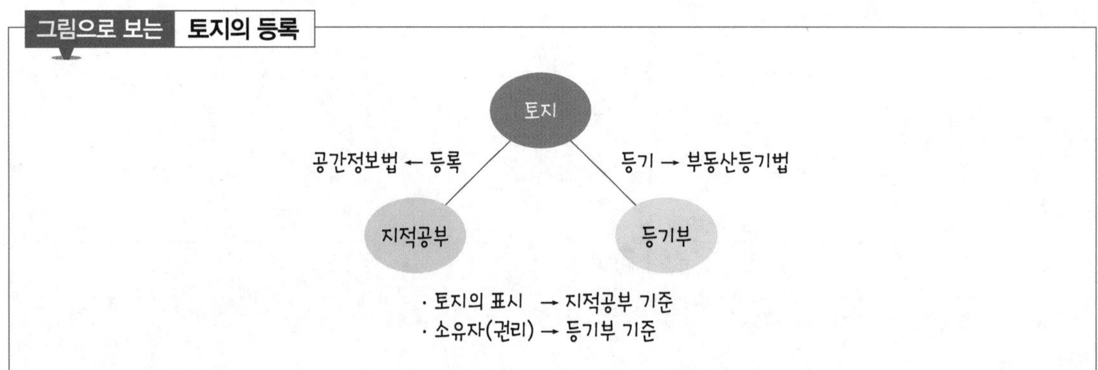

석's 출제포인트

지적제도 및 등기제도

공시제도	공시주체	공시수단	공시내용
지적제도	국토교통부장관 (지적소관청)	지적공부	• 토지의 표시-주 • 소유자
등기제도	등기관	등기부	• 토지의 표시 • 권리(소유자)-주

1. 토지(임야)대장에 등록한 토지의 소재, 지번, 지목, 면적은 부동산등기부의 토지의 표시를 정리하는 기준이 된다.
2. 부동산등기부에 등기한 소유자의 변동은 토지(임야)대장의 소유자를 정리하는 기준이 된다.

1 지적의 의의

'지적'이란 토지를 지적공부에 등록하여 관리하는 기록을 말한다.

2 용어의 정의

1. 지적소관청

지적공부를 관리하는 특별자치시장, 시장·군수 또는 구청장(자치구가 아닌 구의 구청장을 포함)을 말한다.

① 세종특별자치시 ⇨ 세종시장(○)
② 광명시장, 하남시장, 의정부시장, 의왕시장 – (○)
③ 제주특별자치도 제주시 ⇨ 제주시장(○), 서귀포시장(○), 제주도지사(×)
④ 철원군 ⇨ 철원군수(○)
⑤ 서울특별시 강남구 ⇨ 강남구청장(○), 서울특별시장(×)
⑥ 인천광역시 연수구 ⇨ 연수구청장(○), 인천광역시장(×)
⑦ 성남시 분당구 ⇨ 분당구청장(○), 성남시장(×)
⑧ 안양시 동안구 ⇨ 동안구청장(○), 안양시장(×)

2. 토지의 표시

지적공부에 토지의 소재·지번(地番)·지목(地目)·면적·경계 또는 좌표를 등록한 것을 말한다.

3. 토지의 이동

토지의 표시를 새로 정하거나 변경 또는 말소하는 것을 말한다.

4. 필지

대통령령으로 정하는 바에 따라 구획되는 토지의 등록단위를 말한다.

3 등록의 기본원칙

32회 · 33회

(1) 국토교통부장관은 모든 토지에 대하여 필지마다 토지의 소재 · 지번 · 지목 · 면적 · 경계 또는 좌표 등을 조사 · 측량하여 지적공부에 등록하여야 한다(법 제64조 제1항).

(2) 지적공부에 등록하는 지번 · 지목 · 면적 · 경계 또는 좌표는 토지의 이동이 있을 때 토지소유자의 신청을 받아 지적소관청이 결정한다. 다만, 신청이 없으면 지적소관청이 직권으로 조사 · 측량하여 결정할 수 있다(법 제64조 제2항).

(3) 지적소관청의 직권에 의한 등록절차

토지이동현황 조사계획 수립	지적소관청은 토지의 이동현황을 직권으로 조사 · 측량하여 토지의 지번 · 지목 · 면적 · 경계 · 좌표를 결정하려는 때에는 토지이동현황 조사계획을 수립하여야 한다. 이 경우 토지이동현황 조사계획은 시 · 군 · 구별로 수립하되, 부득이한 사유가 있는 때에는 읍 · 면 · 동별로 수립할 수 있다(규칙 제59조 제1항).
토지이동 조사부의 작성	지적소관청은 토지이동현황 조사계획에 따라 토지의 이동현황을 조사한 때에는 토지이동 조사부에 토지의 이동현황을 적어야 한다(규칙 제59조 제2항).
토지이동정리 결의서에 첨부	지적소관청은 토지이동현황 조사 결과에 따라 지적공부를 정리하려는 때에는 토지이동 조사부를 근거로 토지이동 조서를 작성하여 토지이동정리 결의서에 첨부하여야 한다(규칙 제59조 제4항).
지적공부의 정리	지적소관청은 토지이동현황 조사 결과에 따라 토지의 지번 · 지목 · 면적 · 경계 또는 좌표를 결정한 때에는 이에 따라 지적공부를 정리하여야 한다(규칙 제59조 제3항).

필지에 부여하여 지적공부에 등록한 번호

4 지번

35회

1. 지번부여의 기본원칙

① 지번은 지적소관청이 지번부여지역별로 차례대로 부여한다(법 제66조 제1항).

② 지번은 아라비아숫자로 표기하되, 임야대장 및 임야도에 등록하는 토지의 지번은 숫자 앞에 '산'자를 붙인다(영 제56조 제1항).

③ 지번은 본번과 부번으로 구성하되, 본번과 부번 사이에 '–' 표시로 연결한다. 이 경우 '–' 표시는 '의'라고 읽는다(영 제56조 제2항).

④ 지번은 북서에서 남동으로 순차적으로 부여한다(영 제56조 제3항 제1호).

참고

본번과 부번의 의미

1. 본번: '–'가 없는 지번 또는 '–' 앞의 숫자(예 72 또는 75–4에서 75)
2. 부번: '–'가 있는 지번 또는 '–' 뒤의 숫자(예 72–3 또는 75–4에서 4)

2. 토지이동에 따른 지번부여

(1) 신규등록 및 등록전환(영 제56조 제3항 제2호)

원칙	그 지번부여지역에서 인접 토지의 본번에 부번을 붙여서 지번을 부여한다.
예외	다음에 해당하는 경우에는 그 지번부여지역의 최종 본번의 다음 순번부터 본번으로 하여 순차적으로 지번을 부여할 수 있다. 암기 인떨여 ① 대상토지가 당해 지번부여지역의 최종 지번의 토지에 인접하여 있는 경우 ② 대상토지가 이미 등록된 토지와 멀리 떨어져 있어서 등록된 토지의 본번에 부번을 부여하는 것이 불합리한 경우 ③ 대상토지가 여러 필지로 되어 있는 경우

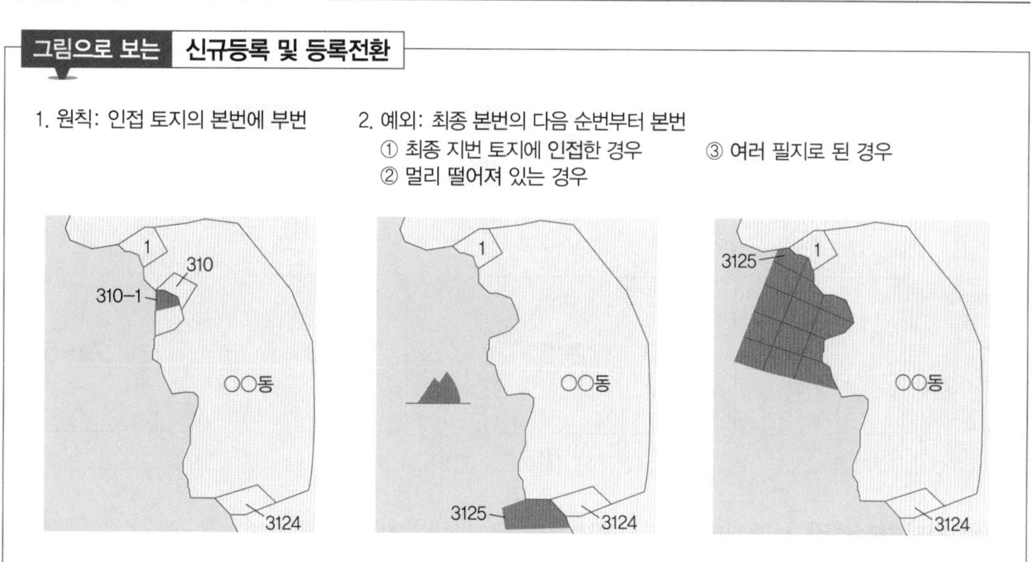

(2) 분할(영 제56조 제3항 제3호)

원칙	분할 후의 필지 중 1필지의 지번은 분할 전의 지번으로 하고, 나머지 필지의 지번은 본번의 최종 부번 다음 순번으로 부번을 부여한다.
예외	주거·사무실 등의 건축물이 있는 필지에 대하여는 분할 전의 지번을 우선하여 부여하여야 한다.

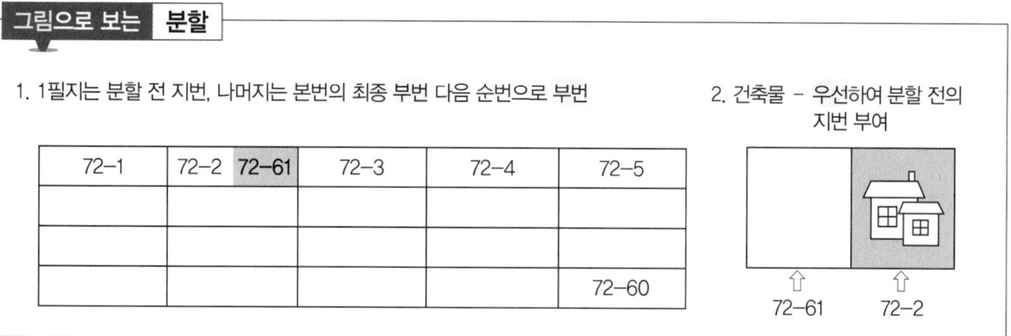

(3) 합병(영 제56조 제3항 제4호)

원칙	합병대상 지번 중 선순위의 지번을 그 지번으로 하되, 본번으로 된 지번이 있을 때에는 본번 중 선순위의 지번을 합병 후의 지번으로 한다.
예외	토지소유자가 합병 전의 필지에 주거·사무실 등의 건축물이 있어서 그 건축물이 위치한 지번을 합병 후의 지번으로 신청할 때에는 그 지번을 합병 후의 지번으로 부여하여야 한다.

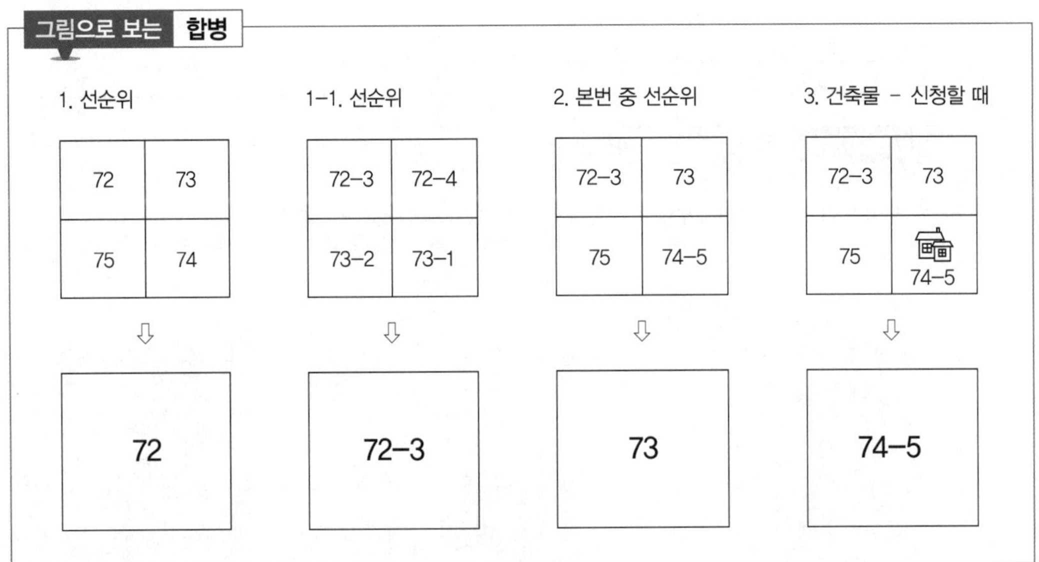

(4) 지적확정측량 시행지역(=도시개발사업 등 시행지역)

원칙	지적확정측량을 실시한 지역의 각 필지에 지번을 새로 부여하는 경우에는 본번으로 부여한다(영 제56조 제3항 제5호 본문).
예외	부여할 수 있는 종전 지번의 수가 새로 부여할 지번의 수보다 적을 때, 즉 본번<필지(영 제56조 제3항 제5호 단서) ① 블록 단위로 하나의 본번을 부여한 후 필지별로 부번을 부여하거나, ② 그 지번부여지역의 최종 본번 다음 순번부터 본번으로 하여 차례로 지번을 부여할 수 있다. ➡ 인떨여 방식
공사준공 전	지적소관청은 도시개발사업 등이 준공되기 전에 사업시행자가 지번부여신청을 하면 지번을 부여할 수 있다. 지번을 부여하는 때에는 도시개발사업 등 신고에 있어서의 사업계획도에 따른다(영 제56조 제4항, 규칙 제61조).
준용하는 경우	지적확정측량 실시지역의 지번부여 방법을 준용하는 경우는 다음과 같다(영 제56조 제3항 제6호). 암기 지축행 ① 지번부여지역의 지번을 변경할 때 ② 축척변경 시행지역의 필지에 지번을 부여할 때 ③ 행정구역 개편에 따라 새로 지번을 부여할 때

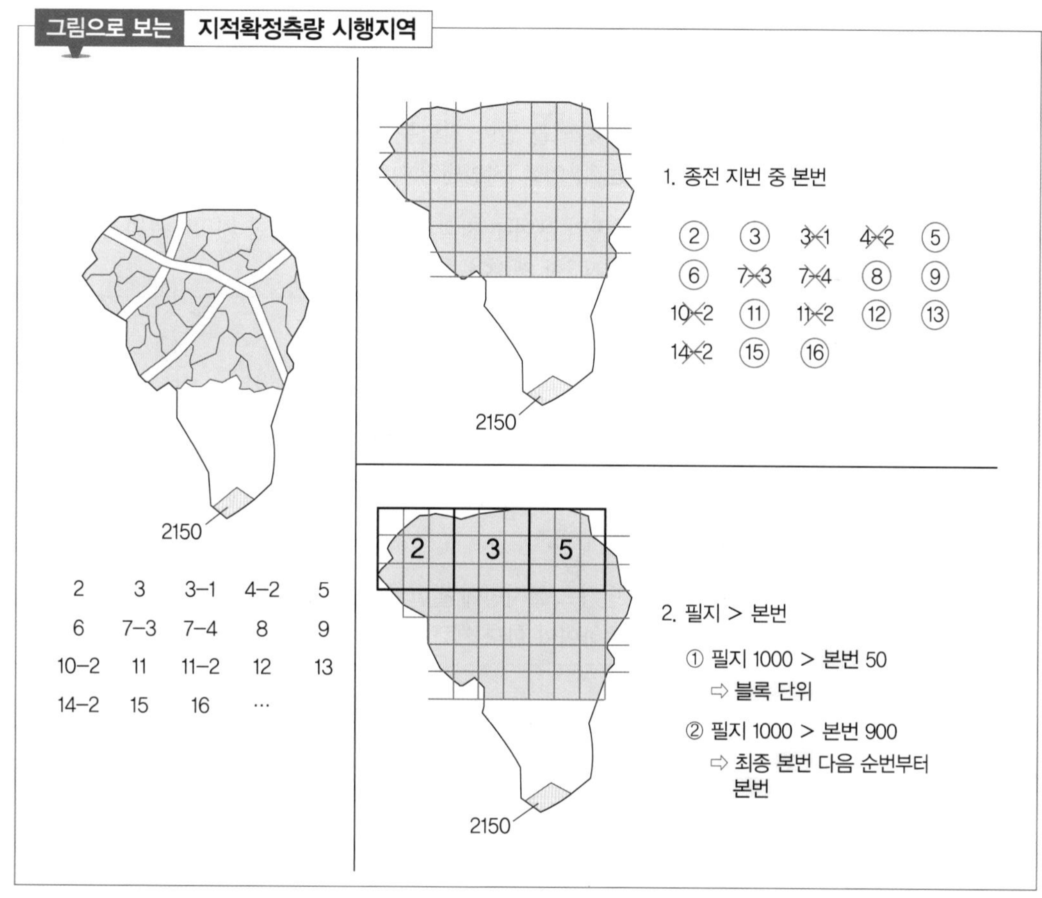

석's 출제포인트

지번

1. 신규등록 및 등록전환
   ① 원칙: 본번에 부번
   ② 예외: 인떨여, 본번~본번
2. 분할
   ① 원칙: 1필지는 분할 전 지번, 나머지는 부번~부번
   ② 예외: 건축물 – 우선하여
3. 합병
   ① 원칙: 선순위, 본번 있으면 본번 중 선순위
   ② 예외: 건축물 – 신청할 때
4. 지적확정측량 시행지역
   ① 원칙: 본번(종전 지번 중 본번)
   ② 예외: 본번<필지 – 블록 단위 방식, 인떨여 방식
   ③ 공사준공 전: 사업계획도
   ④ 준용하는 경우: 지축행(지번변경, 축척변경, 행정구역 개편)

3. 지번변경

의의	지적소관청은 '지적공부에 등록된 지번을 변경할 필요'가 있다고 인정하면 시·도지사나 대도시 시장의 승인을 받아 지번부여지역의 전부 또는 일부에 대하여 지번을 새로 부여할 수 있는데, 이를 '지번변경'이라 한다(법 제66조 제2항). 암기 반지축
지번부여방법	지번변경의 경우 지번의 부여는 지적확정측량을 실시한 지역에서의 지번부여방법을 준용한다(영 제56조 제3항 제6호). 암기 지축행

종전에는 사용하다가 현재는 사용하지 않게 된 지번

4. 결번

결번발생사유	도시개발사업, 지번변경, 축척변경, 행정구역 개편, 합병, 등록전환, 지번정정 등
결번대장	지적소관청은 결번이 생긴 때에는 지체 없이 그 사유를 결번대장에 적어 영구히 보존하여야 한다(규칙 제63조).
기출지문 예시	지적소관청은 축척변경으로 지번에 결번이 생긴 때에는 지체 없이 그 사유를 결번대장에 적어 영구히 보존하여야 한다(제26회).

토지의 주된 용도에 따라 토지의 종류를 구분하여 지적공부에 등록한 것

5 지목

31회 · 32회 · 33회 · 34회 · 35회

1. 지목의 설정원칙

지목법정주의	지목의 종류와 내용은 법령으로 정하여 등록한다. ➡ 28가지
1필 1목의 원칙	1필지에는 1개의 지목만 정하여 등록한다.
주용도추종의 원칙 (=주지목추종의 원칙)	1필지가 2가지 이상의 용도로 사용되는 경우, 주된 용도에 따라 지목을 정하여 등록한다.
일시변경불변의 원칙 (=영속성의 원칙)	토지가 임시적 또는 일시적인 용도로 사용되는 때에는 지목을 변경하지 않는다.
사용목적추종의 원칙	도시개발사업, 농어촌정비사업 기타 토지개발사업 등의 공사가 준공된 토지는 그 사용목적에 따라 지목을 정하여 등록한다.

2. 지목의 구분(영 제58조)

지목구분		내용
1	전 (전)	① 물을 상시적으로 이용하지 않고 곡물·원예작물(과수류는 제외)·약초·뽕나무·닥나무·묘목·관상수 등의 식물을 주로 재배하는 토지 ② 식용으로 죽순을 재배하는 토지
2	답 (답)	물을 상시적으로 직접 이용하여 벼·연·미나리·왕골 등의 식물을 주로 재배하는 토지
3	과수원 (과)	① 사과·배·밤·호두·귤나무 등 과수류를 집단적으로 재배하는 토지와 이에 접속된 저장고 등 부속시설물의 부지 ② 다만, 주거용 건축물의 부지는 '대'로 한다.
4	목장용지 (목)	① 축산업 및 낙농업을 하기 위하여 초지를 조성한 토지 ② 「축산법」 제2조 제1호에 따른 가축을 사육하는 축사 등의 부지 (예 양계장, 양돈장 등) ③ 위 ① 및 ②의 토지와 접속된 부속시설물의 부지 ④ 다만, 주거용 건축물의 부지는 '대'로 한다.
5	임야 (임)	산림 및 원야를 이루고 있는 수림지·죽림지·암석지·자갈땅·모래땅·습지·황무지 등의 토지 암기 암자모습황
6	광천지 (광)	① 지하에서 온수·약수·석유류 등이 용출되는 용출구와 그 유지에 사용되는 부지 ② 다만, 온수·약수·석유류 등을 일정한 장소로 운송하는 송수관·송유관 및 저장시설의 부지는 제외한다.
7	염전 (염)	① 바닷물을 끌어들여 소금을 채취하기 위하여 조성된 토지와 이에 접속된 제염장 등 부속시설물의 부지 ② 다만, 천일제염 방식으로 하지 아니하고 동력으로 바닷물을 끌어들여 소금을 제조하는 공장시설물의 부지는 제외한다.
8	대 (대)	① 영구적 건축물 중 주거·사무실·점포와 박물관·극장·미술관 등 문화시설과 이에 접속된 정원 및 부속시설물의 부지 ② 「국토의 계획 및 이용에 관한 법률」 등 관계 법령에 따른 택지조성공사가 준공된 토지 ➡ 〈사용목적추종의 원칙〉 **⊕ 지목을 '대'로 하는 것** 1. 과수원 안의 주거용 건축물의 부지 2. 목장 안의 주거용 건축물의 부지 3. 묘지의 관리를 위한 건축물의 부지 4. 아파트 단지 안에 설치된 통로의 부지
9	공장용지 (장)	① 제조업을 하고 있는 공장시설물의 부지 ② 「산업집적활성화 및 공장설립에 관한 법률」 등 관계 법령에 따른 공장부지 조성공사가 준공된 토지 ➡ 〈사용목적추종의 원칙〉 ③ 위 ① 및 ②의 토지와 같은 구역에 있는 의료시설 등 부속시설물의 부지

10	학교용지 (학)	① 학교의 교사와 이에 접속된 체육장 등 부속시설물의 부지 ② 다만, 학교시설구역으로부터 완전히 분리된 실습지, 기숙사, 사택 등의 부지와 교육용에 직접 이용하지 않는 임야는 학교용지로 보지 않는다.
11	주차장 (차)	① 자동차 등의 주차에 필요한 독립적인 시설을 갖춘 부지와 주차전용 건축물 및 이에 접속된 부속시설물의 부지 ② 자동차 등의 판매 목적으로 설치된 물류장 및 야외전시장의 부지는 제외한다. ③ 「주차장법」 제2조 제1호 가목 및 다목에 따른 노상주차장 및 부설주차장의 부지는 제외한다. ④ 다만, 「주차장법」 제19조 제4항에 따라 시설물의 부지 인근에 설치된 부설주차장의 지목은 '주차장'이다.
12	주유소 용지 (주)	① 석유·석유제품, 액화석유가스, 전기 또는 수소 등의 판매를 위하여 일정한 설비를 갖춘 시설물의 부지 ② 저유소 및 원유저장소의 부지와 이에 접속된 부속시설물의 부지 ③ 다만, 자동차·선박·기차 등의 제작 또는 정비공장 안에 설치된 급유·송유시설 등의 부지는 제외한다.
13	창고용지 (창)	물건 등을 보관하거나 저장하기 위하여 독립적으로 설치된 보관시설물의 부지와 이에 접속된 부속시설물의 부지 ⊕ 실외에 물건을 쌓아두는 곳의 지목은 '잡종지'이다.
14	도로 (도)	① 일반 공중의 교통 운수를 위하여 보행이나 차량운행에 필요한 일정한 설비 또는 형태를 갖추어 이용되는 토지 ② 「도로법」 등 관계 법령에 따라 도로로 개설된 토지 ③ 고속도로의 휴게소 부지 ④ 2필지 이상에 진입하는 통로로 이용되는 토지 ⑤ 다만, 아파트·공장 등 단일 용도의 일정한 단지 안에 설치된 통로 등은 제외한다.
15	철도용지 (철)	교통 운수를 위하여 일정한 궤도 등의 설비와 형태를 갖추어 이용되는 토지와 이에 접속된 역사·차고·발전시설 및 공작창 등 부속시설물의 부지
16	제방 (제)	조수·자연유수·모래·바람 등을 막기 위하여 설치된 방조제·방수제·방사제·방파제 등의 부지
17	하천 (천)	자연의 유수가 있거나 있을 것으로 예상되는 토지
18	구거 (구)	① 용수 또는 배수를 위하여 일정한 형태를 갖춘 인공적인 수로·둑 및 그 부속시설물의 부지 ② 자연의 유수가 있거나 있을 것으로 예상되는 소규모 수로부지
19	유지 (유)	① 물이 고이거나 상시적으로 물을 저장하고 있는 댐·저수지·소류지·호수·연못 등의 토지 ② 연·왕골 등이 자생하는 배수가 잘 되지 아니하는 토지
20	양어장 (양)	육상에 인공으로 조성된 수산생물의 번식 또는 양식을 위한 시설을 갖춘 부지와 이에 접속된 부속시설물의 부지

21	수도용지 (수)	물을 정수하여 공급하기 위한 취수·저수·도수·정수·송수 및 배수 시설의 부지 및 이에 접속된 부속시설물의 부지
22	공원 (공)	일반 공중의 보건·휴양 및 정서생활에 이용하기 위한 시설을 갖춘 토지로서 「국토의 계획 및 이용에 관한 법률」에 따라 공원 또는 녹지로 결정·고시된 토지
23	체육용지 (체)	① 국민의 건강증진 등을 위한 체육활동에 적합한 시설과 형태를 갖춘 종합운동장·실내체육관·야구장·골프장·스키장·승마장·경륜장 등 체육시설의 토지와 이에 접속된 부속시설물의 부지 ② 체육시설로서의 영속성과 독립성이 미흡한 정구장·골프연습장·실내수영장 및 체육도장의 토지는 제외한다. ③ 유수를 이용한 요트장 및 카누장의 토지는 제외한다.
24	유원지 (원)	① 일반 공중의 위락·휴양 등에 적합한 시설물을 종합적으로 갖춘 수영장·유선장·낚시터·어린이놀이터·동물원·식물원·민속촌·경마장·야영장 등의 토지와 이에 접속된 부속시설물의 부지 ② 다만, 이들 시설과의 거리 등으로 보아 독립적인 것으로 인정되는 숙식시설 및 유기장의 부지와 하천·구거 또는 유지(공유인 것으로 한정)로 분류되는 것은 제외한다.
25	종교용지 (종)	일반 공중의 종교의식을 위하여 예배·법요·설교·제사 등을 하기 위한 교회·사찰·향교 등 건축물의 부지와 이에 접속된 부속시설물의 부지
26	사적지 (사)	① 국가유산으로 지정된 역사적인 유적·고적·기념물 등을 보존하기 위하여 구획된 토지 ② 다만, 학교용지·공원·종교용지 등 다른 지목으로 된 토지에 있는 유적·고적·기념물 등을 보호하기 위하여 구획된 토지는 제외한다.
27	묘지 (묘)	① 사람의 시체나 유골이 매장된 토지 ② 「도시공원 및 녹지 등에 관한 법률」에 따른 묘지공원으로 결정·고시된 토지 ③ 「장사 등에 관한 법률」 제2조 제9호에 따른 봉안시설과 이에 접속된 부속시설물의 부지 ④ 다만, 묘지의 관리를 위한 건축물의 부지는 '대'로 한다.
28	잡종지 (잡)	① 갈대밭, 실외에 물건을 쌓아두는 곳, 야외시장 및 공동우물 ② 돌을 캐내는 곳, 흙을 파내는 곳. 다만, 원상회복을 조건으로 돌을 캐내는 곳 또는 흙을 파내는 곳으로 허가된 토지는 제외한다. ③ 변전소, 송신소, 수신소 및 송유시설 등의 부지 ④ 여객자동차터미널, 자동차운전학원 및 폐차장 등 자동차와 관련된 독립적인 시설물을 갖춘 부지 ⑤ 공항시설 및 항만시설 부지 ⑥ 도축장, 쓰레기처리장 및 오물처리장 등의 부지 ⑦ 그 밖에 다른 지목에 속하지 않는 토지

3. 지목의 표기방법 암기 목도장

① 토지대장 및 임야대장에는 지목을 정식명칭으로 표기한다.

② 지적도 및 임야도에는 지목을 부호로 표기한다. 부호는 지목의 첫 글자로 표기하는 것이 원칙이지만, '공장용지', '주차장', '유원지', '하천'은 두 번째 글자로 표기한다(규칙 제64조).

지목의 표기방법 암기 차장천원

원칙	주유소용지 ⇨ '주'	공원 ⇨ '공'	학교용지 ⇨ '학'	유지 ⇨ '유'
예외	주차장 ⇨ '차'	공장용지 ⇨ '장'	하천 ⇨ '천'	유원지 ⇨ '원'

필지별로 경계점들을 직선으로 연결하여 지적공부에 등록한 선

6 경계

32회 · 34회 · 35회

1. 지상경계의 구분

지상경계	토지의 지상경계는 둑·담장이나 그 밖에 구획의 목표가 될 만한 구조물 및 경계점표지 등으로 구분한다(법 제65조 제1항).
지상경계점등록부	① 지적소관청은 토지의 이동에 따라 지상경계를 새로 정한 경우에는 지상경계점등록부를 작성·관리하여야 한다. 경계점좌표등록부(×) ② 지상경계점등록부의 등록사항(법 제65조 제2항, 규칙 제60조) ㉠ 경계점 위치 및 경계점표지의 종류 ㉡ 경계점 위치 설명도 ㉢ 경계점 좌표(경계점좌표등록부 시행지역에 한정한다) ㉣ 경계점의 사진 파일 ㉤ 공부상 지목과 실제 토지이용 지목 ㉥ 토지의 소재, 지번

2. 지상경계 결정기준(영 제55조 제1항 · 제2항)

① 지상경계를 새로 결정하고자 하는 경우에는 다음의 기준에 따른다.

㉠ 도로·구거 등의 토지에 절토(땅깎기)된 부분이 있는 경우: 그 경사면의 상단부
㉡ 연접되는 토지 간에 높낮이 차이가 없는 경우: 그 구조물 등의 중앙
㉢ 연접되는 토지 간에 높낮이 차이가 있는 경우: 그 구조물 등의 하단부
㉣ 토지가 해면 또는 수면에 접하는 경우: 최대만조위 또는 최대만수위가 되는 선
㉤ 공유수면매립지의 토지 중 제방 등을 토지에 편입하여 등록하는 경우: 바깥쪽 어깨부분

② 지상경계의 구획을 형성하는 구조물 등의 소유자가 다른 경우에는 위 ①의 ㉠㉡㉢의 내용에도 불구하고 그 소유권에 따라 지상경계를 결정한다.

3. 분할에 따른 지상경계

① 토지를 분할하려는 경우에는 지상경계점에 경계점표지를 설치하여(= 설치한 후) 측량할 수 있다(영 제55조 제3항). 예 도시개발사업 등의 사업시행자가 사업지구의 경계를 결정하기 위하여 토지를 분할하려는 경우 지상경계점에 경계점표지를 설치하여 측량할 수 있다.

② 분할에 따른 지상경계는 지상건축물을 걸리게 결정하여서는 아니 된다. 다만, 다음의 어느 하나에 해당하는 경우에는 그렇지 않다(영 제55조 제4항). 암기 도도공판

> ㉠ 「국토의 계획 및 이용에 관한 법률」의 규정에 따른 도시·군관리계획 결정고시와 지형도면 고시가 된 도시·군관리계획선에 따라 토지를 분할하는 경우
> ㉡ 도시개발사업 등의 사업시행자가 사업지구의 경계를 결정하기 위하여 토지를 분할하려는 경우
> ㉢ 공공사업 등으로 인하여 학교용지·도로·철도용지·제방·하천·구거·유지·수도용지 등의 지목으로 되는 토지를 분할하는 경우
> ㉣ 법원의 확정판결이 있는 경우

4. 도시개발사업 등의 경계결정

도시개발사업 등이 완료되어 실시하는 지적확정측량의 경계는 공사가 완료된 현황대로 결정하되, 공사가 완료된 현황이 사업계획도와 다를 때에는 미리 사업시행자에게 그 사실을 통지하여야 한다(영 제55조 제5항).

지적공부에 등록한 필지의 수평면상의 넓이

7 면적

34회

1. 면적측정

(1) 면적측정의 방법

면적측정	면적측정이란 지적도면(지적도, 임야도)의 경계나 경계점좌표등록부의 좌표에서 면적을 계산하는 것을 말한다.
전자면적측정기	필지의 경계를 지적도나 임야도에 등록하는 지역에서 사용한다.
좌표면적계산법	필지의 경계점을 경계점좌표등록부에 등록하는 지역에서 사용한다.

(2) 면적측정의 대상(지적측량 시행규칙 제19조)

면적측정 (○)	① 지적공부를 복구하는 경우 ② 신규등록하는 경우 ③ 등록전환하는 경우 ④ 분할하는 경우 ⑤ 축척변경하는 경우 ⑥ 면적 또는 경계를 정정하는 경우 ⑦ 경계복원측량 및 지적현황측량에 면적측정이 수반되는 경우 ⑧ 도시개발사업 등으로 인한 토지의 이동에 따라 토지의 표시를 새로 결정하는 경우

면적측정 (×)	① 합병 ② 지목변경 ③ 지번변경 ④ 미터법의 시행으로 면적을 환산하는 경우 ⑤ 경계복원측량과 지적현황측량을 하는 경우 암기 현경이 통과

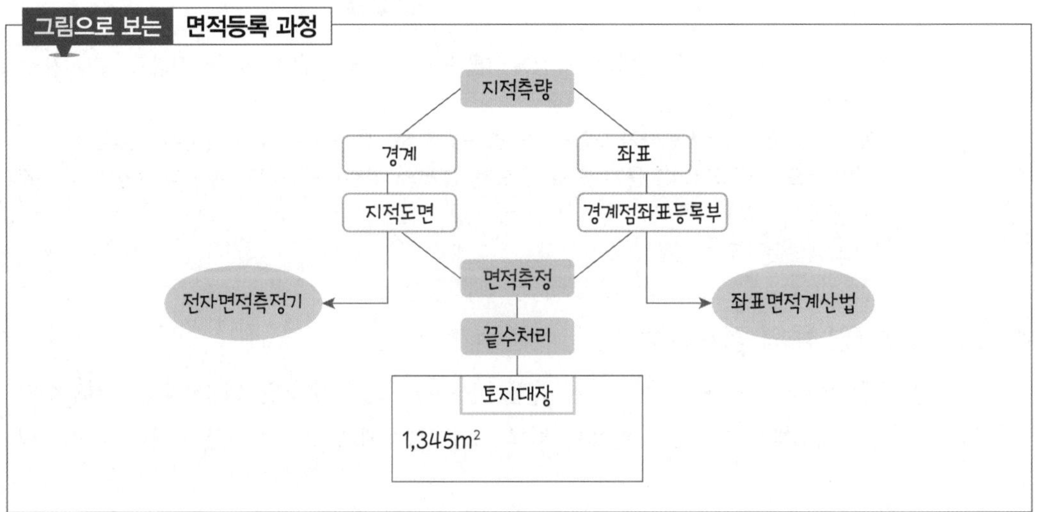

2. 끝수처리 연습

축척	1/1,000~1/6,000, 임야도지역		1/600, 경계점좌표등록부 시행지역	
내용	• 제곱미터 단위로 등록 • $1m^2$ 미만이면 $1m^2$로 등록		• 제곱미터 이하 한 자리로 등록 • $0.1m^2$ 미만이면 $0.1m^2$로 등록	
연습	측정면적	등록면적	측정면적	등록면적
	73.6	74	75.78	75.8
	74.4	74	75.83	75.8
	73.5	74	75.75	75.8
	74.5	74	75.85	75.8
	0.3	1	0.03	0.1
	74.8	75	75.68	75.7
	74.86	75	75.662	75.7
	74.52	75	75.653	75.7

3. 근거 규정: 면적의 결정 및 측량계산의 끝수처리(영 제60조)

일반지역	① 토지의 면적은 제곱미터 단위(= 1의 자리)로 한다. ② 1m^2 미만의 끝수가 있는 경우 0.5m^2 미만일 때에는 버리고, 0.5m^2를 초과하는 때에는 올리며, 0.5m^2일 때에는 구하려는 끝자리의 숫자가 0 또는 짝수이면 버리고 홀수이면 올린다. ③ 다만, 1필지의 면적이 1m^2 미만일 때에는 1m^2로 한다.
1/600, 경계점좌표등록부 시행지역	① 토지의 면적은 제곱미터 이하 한 자리 단위(= 소수 첫째자리)로 한다. ② 0.1m^2 미만의 끝수가 있는 경우 0.05m^2 미만일 때에는 버리고, 0.05m^2를 초과할 때에는 올리며, 0.05m^2일 때에는 구하려는 끝자리의 숫자가 0 또는 짝수이면 버리고 홀수이면 올린다. ③ 다만, 1필지의 면적이 0.1m^2 미만일 때에는 0.1m^2로 한다.

석's 출제포인트

면적측정

1. 면적측정은 경계나 좌표에서 한다.
2. 경계 – 지적도면 – 전자면적측정기 – 일반지역 – 제곱미터 단위 – 1m^2 미만이면 1m^2 등록
3. 좌표 – 경계점좌표등록부 – 좌표면적계산법 – 경계점좌표등록부 시행지역 – 제곱미터 이하 한 자리 단위 – 0.1m^2 미만이면 0.1m^2 등록

참고

끝수처리 순서

1. 자릿수 판단 – 축척 기준
   ① 1,200분의 1, 6,000분의 1 등 – 1의 자리
   ② 600분의 1, 경계점좌표등록부 시행지역 – 소수 첫째자리
2. 등록자릿수와 끝수 확인
3. 끝수처리 특징 – 끝수 5를 버릴 때가 있다.
   ① 등록자릿수가 홀수 – 끝수 5를 올린다.
   ② 등록자릿수가 짝수 또는 0 – 끝수 5를 버린다.

POINT

02 지적공부 및 부동산종합공부

| 제1절 | 지적공부의 의의

지적공부(○)	① 대장: 토지대장, 임야대장, 공유지연명부, 대지권등록부 ② 도면 ┌ 지적도면: 지적도, 임야도 　　　　└ 경계점좌표등록부 ③ 정보처리시스템을 통하여 기록·저장된 지적공부
지적공부(×)	부동산등기부, 건축물대장, 부동산종합공부, 지상경계점등록부, 연속지적도 등
등록사항	① 토지의 표시: 소재, 지번, 지목, 면적, 경계 또는 좌표 ② 소유자 등

| 제2절 | 지적공부의 종류

1 토지대장 및 임야대장

31회 · 35회

토지대장 및 임야대장에는 다음의 사항을 각각 등록한다(법 제71조 제1항, 규칙 제68조 제2항).

① 토지의 소재 ┐
② 지번 ┘ ⇨ 다 된다.
③ 지목 및 축척 ⇨ 목도장, 축도장
④ 면적 ⇨ 면장
⑤ 개별공시지가와 그 기준일 ┐
⑥ 토지의 이동사유 ┘ ⇨ 개사장
⑦ 토지의 고유번호 ┐
⑧ 필지별 대장의 장 번호 ┘ ⇨ 고장도 없다.
⑨ 소유자의 성명(명칭)·주소·주민등록번호 ┐
⑩ 토지소유자가 변경된 날과 그 원인 ┘ ⇨ 소대장
⑪ 지적도(임야도)의 번호 ⇨ 도장경

토지대장 서식

[별지 제63호 서식]

토 지 대 장

고유번호	2818510600-10023-0045		
토지소재	인천광역시 연수구 송도동		
지 번	23-45	축 척	수 치

도면번호	347	발급번호	201428185000001613
장 번 호	3-1	처리시각	12시03분10초
비 고		발 급 자	

토지 표시			소유자		
지 목	면 적(m²)	사 유	변동일자 변동원인	주소 성명 또는 명칭	등록번호
(08)대	*57,654.6*	(21)2001년 11월 01일 991번에서 분할	2000년02월21일		
			(02)소유권보존	인천광역시	423
(08)대	*57,654.6*	(52)2006년 03월 06일 동춘동 991-25번에서 행정관할구역변경	2004년02월18일	부산광역시 영도구 봉래동5가 29	
			(03)소유권이전	주식회사한진중공업	110111-0******
		- 이하여백 -	2006년06월08일		
			(21)대지권설정		
				- 이하여백 -	

등급수정 연월일								
토지등급 (기준수확량등급)	( )	( )	( )	( )	( )	( )	( )	( )
개별공시지가 기준일	2002년01월01일	2003년01월01일	2004년01월01일	2005년01월01일	2006년01월01일	2007년01월01일	2008년01월01일	용도지역 등
개별공시지가(원/m²)	160,000	500,000	800,000	900,000	1,200,000	2,100,000	2,500,000	

2 공유지연명부

31회 · 32회 · 35회

공유지연명부에는 다음의 사항을 등록한다(법 제71조 제2항, 규칙 제68조 제3항).

① 토지의 소재
② 지번
⇨ 다 된다.
③ 소유권 지분 ⇨ 지대공
④ 소유자의 성명(명칭) · 주소 · 주민등록번호
⑤ 토지소유자가 변경된 날과 그 원인
⇨ 소대장
⑥ 토지의 고유번호
⑦ 필지별 공유지연명부의 장 번호
⇨ 고장도 없다.

3 대지권등록부

31회 · 32회 · 33회 · 34회 · 35회

대지권등록부에는 다음의 사항을 등록한다(법 제71조 제3항, 규칙 제68조 제4항).

① 토지의 소재
② 지번
⇨ 다 된다.
③ 소유권 지분 ⇨ 지대공
④ 소유자의 성명(명칭) · 주소 · 주민등록번호
⑤ 토지소유자가 변경된 날과 그 원인
⇨ 소대장
⑥ 토지의 고유번호
⑦ 집합건물별 대지권등록부의 장 번호
⇨ 고장도 없다.
⑧ 건물의 명칭
⑨ 전유부분의 건물표시
⑩ 대지권 비율
⇨ 건전한 비율

석's 출제포인트

공유지연명부와 대지권등록부의 등록사항 비교

공유지연명부	대지권등록부
① 토지의 소재 ② 지번 ③ 소유자의 성명(명칭) · 주소 · 주민등록번호 ④ 토지소유자가 변경된 날과 그 원인 ⑤ 소유권 지분 ⑥ 토지의 고유번호 ⑦ 공유지연명부의 장 번호	① 토지의 소재 ② 지번 ③ 소유자의 성명(명칭) · 주소 · 주민등록번호 ④ 토지소유자가 변경된 날과 그 원인 ⑤ 소유권 지분 ⑥ 토지의 고유번호 ⑦ 대지권등록부의 장 번호 ⑧ 건물의 명칭 ⑨ 전유부분의 건물표시 ⑩ 대지권 비율

4 지적도면(지적도 및 임야도)

32회 · 35회

(1) 토지대장에 등록한 필지는 지적도에 등록하고, 임야대장에 등록한 토지는 임야도에 등록한다.

(2) 지적소관청은 지적도면의 관리에 필요한 경우에는 지번부여지역마다 일람도와 지번색인표를 작성하여 갖춰 둘 수 있다(규칙 제69조 제5항).

(3) 지적도면의 법정축척(규칙 제69조 제6항)

지적도	1/500, 1/600, 1/1,000, 1/1,200, 1/2,400, 1/3,000, 1/6,000
임야도	1/3,000, 1/6,000

(4) 지적도면에는 다음의 사항을 등록한다(법 제72조, 규칙 제69조 제2항).

① 토지의 소재 ┐
② 지번 ┘ ⇨ 다 된다.
③ 지목 ➡ 부호로 표시한다. ⇨ 목도장
④ 경계 ➡ 경계는 0.1mm 폭으로 제도한다.
⑤ 지적도면의 색인도(일람도 ×, 지번색인 표 ×)
⑥ 지적도면의 제명 및 축척
⑦ 도곽선과 그 수치 ➡ 도곽선은 0.1mm 폭으로 제도한다.
⑧ 삼각점 및 지적기준점의 위치
⑨ 건축물 및 구조물 등의 위치
⑩ 좌표에 의하여 계산된 경계점 간의 거리 ➡ 경계점좌표등록부를 갖춰두는 지역으로 한정한다.

석's 출제포인트

경계점좌표등록부를 갖춰두는 지역의 지적도 특징

1. 지적도의 제명 끝에 '(좌표)'라고 표시한다(규칙 제69조 제3항).
2. 좌표에 의하여 계산된 경계점 간 거리를 등록한다(규칙 제69조 제2항 제4호).
3. 도곽선의 오른쪽 아래 끝에 '이 도면에 의하여 측량을 할 수 없음'이라고 적는다(규칙 제69조 제3항).

지적도(일반지역)

6
4
7
5
8
광주시 초월읍 도평리 지적도 20장 중 제7호 축척 1,200분의 1
229,400
114,800
14창
6과
13대
7대
(산)
15장
11대
452도
3대
10대
17공
453도
451도
16답
29답
24전
19답
454구
28답
18양
26답
20전
25답
114,300
229,000

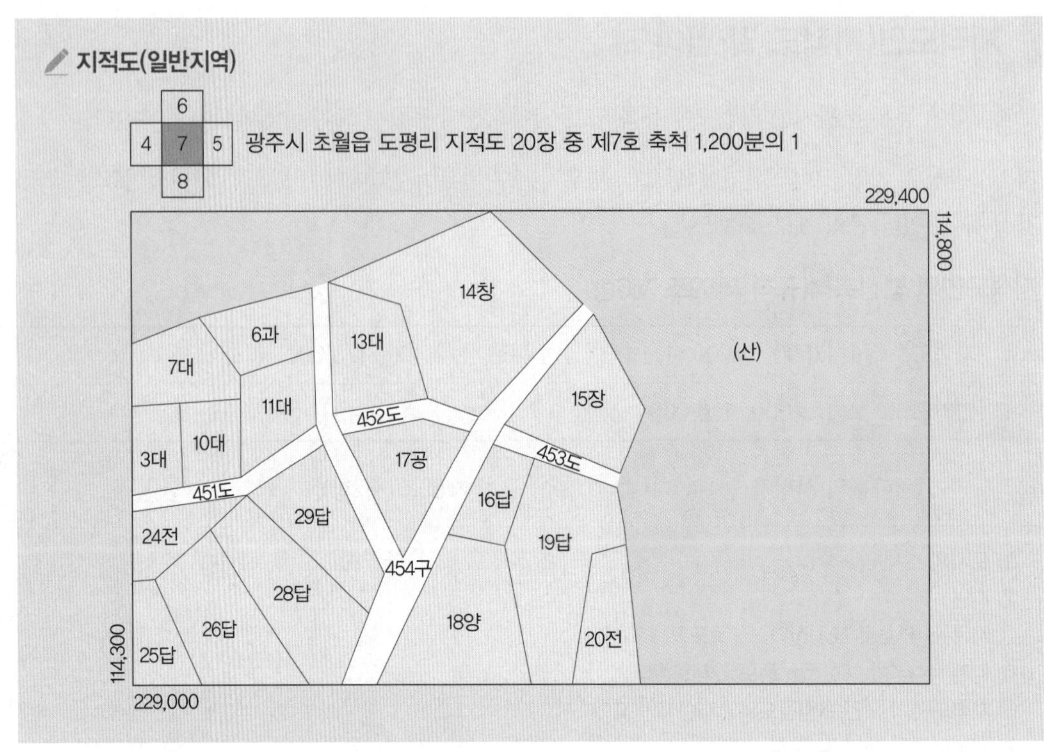

지적도(경계점좌표등록부 시행지역)

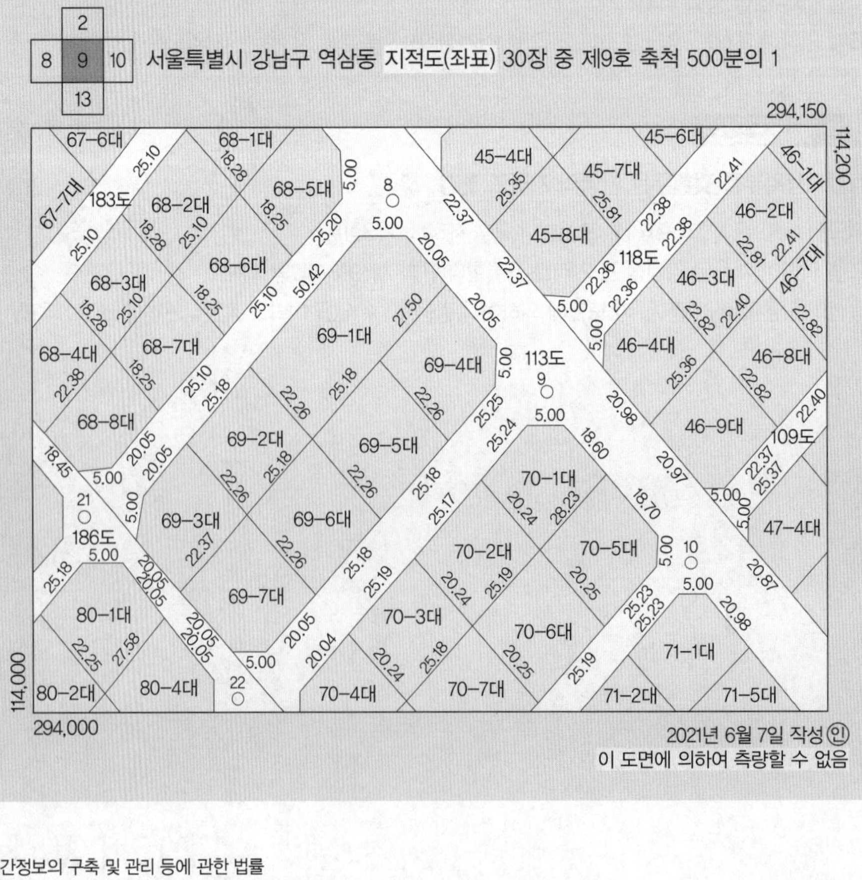

2
8
9
10
13
서울특별시 강남구 역삼동 지적도(좌표) 30장 중 제9호 축척 500분의 1
294,150
114,200
67-6대
68-1대
45-4대
45-6대
45-7대
46-1대
67-7대
183도
68-2대
68-5대
8
45-8대
46-2대
118도
68-3대
68-6대
46-3대
46-7대
68-4대
68-7대
69-1대
69-4대
113도
9
46-4대
46-8대
68-8대
46-9대
109도
69-2대
69-5대
70-1대
21
186도
69-3대
69-6대
70-2대
70-5대
10
47-4대
80-1대
69-7대
70-3대
70-6대
71-1대
80-2대
80-4대
22
70-4대
70-7대
71-2대
71-5대
114,000
294,000
2021년 6월 7일 작성 인
이 도면에 의하여 측량할 수 없음

5 경계점좌표등록부

34회 · 35회

1. 작성지역

① 경계점좌표등록부는 도시개발사업 등에 따라 새로이 지적공부에 등록하는 토지에 대하여 작성하고 갖춰두어야 한다(법 제73조).

② 구체적으로 경계점좌표등록부를 갖춰두는 토지는 지적확정측량 또는 축척변경을 위한 측량을 실시하여 경계점을 좌표로 등록한 지역의 토지로 한다(규칙 제71조 제2항).

2. 등록사항(법 제73조, 규칙 제71조 제3항)

① 토지의 소재 ⇨ 다 된다.
② 지번
③ 좌표
④ 부호 및 부호도
⑤ 지적도면의 번호
⑥ 토지의 고유번호 ⇨ 고장도 없다.
⑦ 필지별 경계점좌표등록부의 장 번호

3. 특징

① 경계점좌표등록부에 등록한 토지는 반드시 '토지대장'과 '지적도'를 함께 작성하고 갖춰두어야 한다.

② 경계점좌표등록부를 작성한 지역에 있어서는 토지의 경계설정과 지표상의 복원 및 면적측정은 '좌표'에 따르고, 지적도에 의할 수 없다.

③ 경계점좌표등록부를 갖춰두는 지역은 좌표면적계산법에 따라 면적을 측정하고, 제곱미터 이하 한 자리 단위까지 면적을 등록한다.

④ 경계점좌표등록부에는 면적을 등록하지 않는다. 암기 면장

석's 출제포인트

등록사항 정리

구분	토지대장, 임야대장	공유지연명부	대지권등록부	지적도, 임야도	경계점좌표등록부	암기
소재, 지번	○	○	○	○	○	다 된다.
지목	○	×	×	○	×	목도장
면적	○	×	×	×	×	면장
경계	×	×	×	○	×	경도
좌표	×	×	×	×	○	–
소유자	○	○	○	×	×	소대장
소유권 지분	×	○	○	×	×	지대공
고유번호, 장 번호	○	○	○	×	○	고장도 없다.
도면번호	○	×	×	×	○	도장경
토지이동사유, 개별공시지가	○	×	×	×	×	개사장
특징	면적, 개별 공시지가, 토지이동 사유	–	건물명칭, 전유부분의 건물표시, 대지권 비율	건축물 및 구조물의 위치	부호 및 부호도	–

- 장 ⇨ 토지대장, 임야대장
- 도 ⇨ 지적도, 임야도
- 경 ⇨ 경계점좌표등록부
- 대장 ⇨ 토지대장, 임야대장, 공유지연명부, 대지권등록부

경계점좌표등록부 서식

[별지 제69호 서식]

경 계 점 좌 표 등 록 부

고유번호			도면번호		장 번호	
토지 소재		지 번		비 고		

부 호 도	부 호	좌표 X	좌표 Y	부 호	좌표 X	좌표 Y
		m	m		m	m

부 호	좌표 X	좌표 Y	부 호	좌표 X	좌표 Y	부 호	좌표 X	좌표 Y
	m	m		m	m		m	m

| 제3절 | 지적공부의 보존, 공개, 이용 및 복구

석's 출제포인트

지적공부 및 부동산종합공부 정리

구분	지적공부		부동산종합공부
	종이 지적공부	전산 지적공부	
보존	지적소관청 (지적서고)	관할 시·도지사, 시장·군수·구청장 (지적정보관리체계)	지적소관청
복구	지적소관청	시·도지사, 시장·군수·구청장	×
복제	×	국토교통부장관	지적소관청
열람, 발급	해당 지적소관청	특별자치시장, 시장·군수·구청장이나 읍·면·동장	지적소관청 또는 읍·면·동장

1 지적공부의 보존

31회·32회

지적공부 (종이)	지적소관청은 해당 청사에 지적서고를 설치하고 그곳에 지적공부(정보처리시스템을 통하여 기록·저장한 경우는 제외)를 영구히 보존하여야 한다(법 제69조 제1항).
지적공부 (정보처리시스템)	지적공부를 정보처리시스템을 통하여 기록·저장한 경우 관할 시·도지사, 시장·군수 또는 구청장은 그 지적공부를 지적정보관리체계에 영구히 보존하여야 한다(법 제69조 제2항).
지적공부 복제	국토교통부장관은 정보처리시스템을 통하여 기록·저장한 지적공부가 멸실되거나 훼손될 경우를 대비하여 지적공부를 복제하여 관리하는 정보관리체계를 구축하여야 한다(법 제69조 제3항).

2 지적공부의 열람 및 등본 발급

지적공부 (종이)	지적공부를 열람하거나 그 등본을 발급받으려는 자는 해당 지적소관청에 이를 신청하여야 한다(법 제75조 제1항 본문).
지적공부 (정보처리시스템)	정보처리시스템을 통하여 기록·저장된 지적공부(지적도 및 임야도는 제외)를 열람하거나 그 등본을 발급받으려는 경우에는 특별자치시장, 시장·군수 또는 구청장이나 읍·면·동의 장에게 신청할 수 있다(법 제75조 제1항 단서).
신청서 제출	지적공부를 열람하거나 그 등본을 발급받으려는 자는 지적공부·부동산종합공부 열람·발급 신청서(전자문서로 된 신청서를 포함)를 지적소관청 또는 읍·면·동장에게 제출하여야 한다(규칙 제74조 제1항).

참고

지적공부 정정신청

토지소유자는 지적공부의 등록사항에 잘못이 있음을 발견하면 지적소관청에 그 정정을 신청할 수 있다(법 제84조 제1항).

└• 읍·면·동장(×)

3 지적공부의 반출

지적공부는 다음의 경우를 제외하고는 해당 청사 밖으로 반출하지 못한다(법 제69조 제1항).

① 천재지변이나 그 밖에 이에 준하는 재난을 피하기 위하여 필요한 경우
② 관할 시·도지사 또는 대도시 시장의 승인을 받은 경우 암기 반지축

4 지적전산자료의 이용 33회

1. 중앙행정기관의 심사

(1) 지적공부에 관한 전산자료(연속지적도를 포함하며, 이하 '지적전산자료'라 한다)를 신청하려는 자는 지적전산자료의 이용 또는 활용 목적 등에 관하여 미리 관계 중앙행정기관의 심사를 받아야 한다. 다만, 중앙행정기관의 장, 그 소속 기관의 장 또는 지방자치단체의 장이 신청하는 경우에는 그러하지 아니하다(법 제76조 제2항).

(2) 다음의 어느 하나에 해당하는 경우에는 관계 중앙행정기관의 심사를 받지 아니할 수 있다(법 제76조 제3항).

① 토지소유자가 자기 토지에 대한 지적전산자료를 신청하는 경우
② 토지소유자가 사망하여 그 상속인이 피상속인의 토지에 대한 지적전산자료를 신청하는 경우
③ 「개인정보 보호법」 제2조 제1호에 따른 개인정보를 제외한 지적전산자료를 신청하는 경우

2. 지적전산자료의 신청

(1) 지적공부에 관한 전산자료(연속지적도를 포함한다)를 이용하거나 활용하려는 자는 다음의 구분에 따라 국토교통부장관, 시·도지사 또는 지적소관청에 지적전산자료를 신청하여야 한다(법 제76조 제1항).

전국 단위의 지적전산자료	국토교통부장관, 시·도지사 또는 지적소관청
시·도 단위의 지적전산자료	시·도지사 또는 지적소관청
시·군·구 단위의 지적전산자료	지적소관청

(2) 지적전산자료의 이용 또는 활용 신청을 하려는 자는 지적전산자료의 이용·활용 신청서에 관계 중앙행정기관장의 심사 결과를 첨부하여 국토교통부장관, 시·도지사 또는 지적소관청에 제출해야 한다. 다만, 다음의 경우에는 관계 중앙행정기관장의 심사 결과를 첨부하지 않을 수 있다(영 제62조 제3항).

> ① 중앙행정기관의 장, 그 소속 기관의 장 또는 지방자치단체의 장이 지적전산자료의 이용 또는 활용을 신청하는 경우
> ② 법 제76조 제3항 각 호의 어느 하나에 해당하는 경우로서 관계 중앙행정기관의 심사를 받지 않은 경우

3. 지적전산자료의 제공

지적전산자료의 이용·활용 신청을 받은 국토교통부장관, 시·도지사 또는 지적소관청은 지적전산자료의 이용·활용 신청서 및 관계 중앙행정기관장의 심사 결과를 확인한 후 지적전산자료를 제공해야 한다. 다만, 다음의 어느 하나에 해당하는 경우에는 지적전산자료를 제공하지 않을 수 있다(영 제62조 제4항).

> ① 신청한 사항의 처리가 전산정보처리조직으로 불가능한 경우
> ② 신청한 사항의 처리가 지적업무수행에 지장을 주는 경우

5 연속지적도

33회

1. 연속지적도의 의의

'연속지적도'란 지적측량을 하지 아니하고 전산화된 지적도 및 임야도 파일을 이용하여, 도면상 경계점들을 연결하여 작성한 도면으로서 측량에 활용할 수 없는 도면을 말한다(법 제2조 제19의2호).

2. 연속지적도의 관리 등

① 국토교통부장관은 연속지적도의 관리 및 정비에 관한 정책을 수립·시행하여야 한다(법 제90조의2 제1항).

② 지적소관청은 지적도·임야도에 등록된 사항에 대하여 토지의 이동 또는 오류사항을 정비한 때에는 이를 연속지적도에 반영하여야 한다(법 제90조의2 제2항). 다만, 지적소관청은 연속지적도의 관리·정비에 관한 업무를 대통령령으로 정하는 법인, 단체 또는 기관에 위탁할 수 있다. 이 경우 위탁관리에 필요한 경비의 전부 또는 일부를 지원할 수 있다(법 제90조의2 제5항).

③ 국토교통부장관은 ②에 따른 지적소관청의 연속지적도 정비에 필요한 경비의 전부 또는 일부를 지원할 수 있다(법 제90조의2 제3항).

④ 국토교통부장관은 연속지적도를 체계적으로 관리하기 위하여 대통령령으로 정하는 바에 따라 연속지적도 정보관리체계를 구축·운영할 수 있다(법 제90조의2 제4항). 다만, 국토교통부장관은 연속지적도 정보관리체계의 구축·운영에 관한 업무를 대통령령으로 정하는 법인, 단체 또는 기관에 위탁할 수 있다. 이 경우 위탁관리에 필요한 경비의 전부 또는 일부를 지원할 수 있다(법 제90조의2 제5항).

3. 연속지적도 정보관리체계의 구축·운영

국토교통부장관은 연속지적도 정보관리체계의 구축·운영을 위해 다음의 업무를 수행할 수 있다(영 제85조의2 제1항).

① 연속지적도 정보관리체계의 구축·운영에 관한 연구개발 및 기술지원
② 연속지적도 정보관리체계의 표준화 및 고도화
③ 연속지적도 정보관리체계를 이용한 정보의 공동 활용 촉진
④ 연속지적도를 이용·활용하는 법인, 단체 또는 기관 간의 상호 연계·협력 및 공동사업의 추진 지원
⑤ 그 밖에 연속지적도 정보관리체계의 구축·운영을 위하여 필요한 사항

4. 연속지적도 관리 등 업무의 위탁

연속지적도의 관리·정비에 관한 업무 및 연속지적도 정보관리체계의 구축·운영에 관한 업무를 위탁받을 수 있는 법인, 단체 또는 기관이란 다음의 어느 하나에 해당하는 법인, 단체 또는 기관을 말한다(영 제85조의3 제1항).

① 한국국토정보공사
② 연속지적도의 관리·정비 업무 또는 연속지적도 정보관리체계의 구축·운영에 관한 업무의 수행에 필요한 전문 인력과 장비를 갖추고 있다고 인정되어 국토교통부장관이 고시하는 법인, 단체 또는 기관

6 지적정보 전담 관리기구

① 국토교통부장관은 지적공부의 효율적인 관리 및 활용을 위하여 지적정보 전담 관리기구를 설치·운영한다(법 제70조 제1항).

② 국토교통부장관은 지적공부를 과세나 부동산정책자료 등으로 활용하기 위하여 주민등록전산자료, 가족관계등록전산자료, 부동산등기전산자료 또는 공시지가전산자료 등을 관리하는 기관에 그 자료를 요청할 수 있으며 요청을 받은 관리기관의 장은 특별한 사정이 없으면 그 요청을 따라야 한다(법 제70조 제2항).

암기 공주가족등기

7 지적공부의 복구

31회 · 33회 · 35회

1. 의의

복구 방법	지적공부의 복구는 소유자의 신청에 의하지 않고 지적소관청이 직권으로 한다. 이 경우 시·도지사나 대도시 시장의 승인을 요하지 않는다.
복구 주체	지적소관청(정보처리시스템에 의하여 기록·저장된 지적공부의 경우에는 시·도지사, 시장·군수 또는 구청장)은 지적공부의 전부 또는 일부가 멸실되거나 훼손된 경우에는 지체 없이 이를 복구하여야 한다(법 제74조).

2. 복구자료(규칙 제72조)

토지의 표시	① 지적공부의 등본 ② 측량결과도 → 측량준비도(×), 측량준비파일(×), 연속지적도(×) ③ 토지이동정리 결의서 → 지적측량 의뢰서(×), 지적측량 수행계획서(×) ④ 지적소관청이 작성하거나 발행한 지적공부의 등록내용을 증명하는 서류 (예 부동산종합공부 등) ⑤ 정보관리체계에 따라 복제된 지적공부 ⑥ 토지(건물)등기사항증명서 등 등기사실을 증명하는 서류 ⑦ 법원의 확정판결서 정본 또는 사본
소유자	① 부동산등기부 ② 법원의 확정판결

3. 복구절차(규칙 제73조)

복구자료 조사	지적소관청은 지적공부를 복구하려는 경우에는 2.의 복구자료를 조사하여야 한다.
지적복구자료조사서 및 복구자료도 작성	① 지적소관청은 조사된 복구자료 중 토지대장·임야대장 및 공유지연명부의 등록 내용을 증명하는 서류 등에 따라 지적복구자료조사서를 작성한다. ② 지적소관청은 조사된 복구자료 중 지적도면의 등록 내용을 증명하는 서류 등에 따라 복구자료도를 작성하여야 한다.
복구측량	다음의 경우 복구측량을 하여야 한다. ① 복구자료도에 따라 측정한 면적과 지적복구자료조사서의 조사된 면적의 증감이 허용범위를 초과한 경우 ② 복구자료도를 작성할 복구자료가 없는 경우
토지의 표시 등의 게시	지적소관청은 복구자료의 조사 또는 복구측량 등이 완료되어 지적공부를 복구하려는 경우에는 복구하려는 토지의 표시 등을 시·군·구 게시판 및 인터넷 홈페이지에 15일 이상 게시하여야 한다.

이의신청	복구하려는 토지의 표시 등에 이의가 있는 자는 위의 게시기간 내에 지적소관청에 이의신청을 할 수 있다.
지적공부의 복구	지적소관청은 위의 게시와 이의신청 절차를 이행한 때에는 지적복구자료조사서, 복구자료도 또는 복구측량 결과도 등에 따라 지적공부를 복구하여야 한다.

| 제4절 | 부동산종합공부

32회 · 33회

1 부동산종합공부의 관리 및 운영

① 지적소관청은 부동산의 효율적 이용과 부동산과 관련된 정보의 종합적 관리 · 운영을 위하여 부동산종합공부를 관리 · 운영한다(법 제76조의2 제1항).

② 지적소관청은 부동산종합공부를 영구히 보존하여야 하며, 부동산종합공부의 멸실 또는 훼손에 대비하여 이를 별도로 복제하여 관리하는 정보관리체계를 구축하여야 한다(법 제76조의2 제2항).

⊕ 비교: 국토교통부장관은 정보처리시스템을 통하여 기록 · 저장한 지적공부가 멸실되거나 훼손될 경우를 대비하여 지적공부를 복제하여 관리하는 정보관리체계를 구축하여야 한다.

③ 부동산종합공부의 등록사항을 관리하는 기관의 장은 지적소관청에 상시적으로 관련 정보를 제공하여야 한다(법 제76조의2 제3항).

④ 지적소관청은 부동산종합공부의 정확한 등록 및 관리를 위하여 필요한 경우에는 등록사항을 관리하는 기관의 장에게 관련 자료의 제출을 요구할 수 있다. 이 경우 자료의 제출을 요구받은 기관의 장은 특별한 사유가 없으면 자료를 제공하여야 한다(법 제76조의2 제4항).

2 부동산종합공부의 등록사항

1	토지의 표시와 소유자에 관한 사항	• 이 법에 따른 지적공부의 내용 • 부동산등기부(×)
2	건축물의 표시와 소유자에 관한 사항 (토지에 건축물이 있는 경우만 해당한다)	•「건축법」 제38조에 따른 건축물대장의 내용 • 부동산등기부(×)
3	토지의 이용 및 규제에 관한 사항	토지이용계획확인서의 내용
4	부동산의 가격에 관한 사항	개별공시지가, 개별주택가격 및 공동주택가격 공시내용 ➡ 실거래가격은 기록하지 않는다.
5	부동산의 권리에 관한 사항	「부동산등기법」 제48조에 따른 부동산의 권리에 관한 사항

3 부동산종합공부의 등록사항 정정

① 지적소관청은 부동산종합공부의 등록사항 정정을 위하여 등록사항 상호간에 일치하지 아니하는 사항(= 불일치 등록사항)을 확인 및 관리하여야 한다(영 제62조의3 제1항).

② 지적소관청은 불일치 등록사항에 대해서는 법 제76조의3 각 호의 등록사항을 관리하는 기관의 장에게 그 내용을 통지하여 등록사항 정정을 요청할 수 있다(영 제62조의3 제2항).

③ 토지소유자는 부동산종합공부의 등록사항에 잘못이 있음을 발견하면 지적소관청에 그 정정을 신청할 수 있다(법 제76조의5).
└→ 읍·면·동장(×)

4 부동산종합공부의 열람 및 증명서 발급

① 부동산종합공부를 열람하거나 부동산종합공부 기록사항의 전부 또는 일부에 관한 증명서(= 부동산종합증명서)를 발급받으려는 자는 지적소관청이나 읍·면·동의 장에게 신청할 수 있다(법 제76조의4).

② 부동산종합공부를 열람하거나 부동산종합공부 기록사항의 전부 또는 일부에 관한 증명서(= 부동산종합증명서)를 발급받으려는 자는 지적공부·부동산종합공부 열람·발급 신청서(전자문서로 된 신청서를 포함)를 지적소관청 또는 읍·면·동장에게 제출하여야 한다(규칙 제74조 제2항).

POINT 03

토지의 이동 및 지적정리

| 제1절 | 토지의 이동

1 토지의 이동의 의의 및 종류

의의	'토지의 이동'이란 토지의 표시(소재, 지번, 지목, 면적, 경계 또는 좌표)를 새로 정하거나 변경 또는 말소하는 것을 말한다(법 제2조 제28호).
토지의 이동(○)	신규등록, 등록전환, 분할, 합병, 지목변경, 바다로 된 토지의 등록말소 및 회복, 축척변경, 등록사항 정정, 도시개발사업, 지번변경, 행정구역의 개편, 행정구역 명칭변경 등
토지의 이동(×)	토지소유자의 변경, 토지소유자의 주소변경, 개별공시지가의 변경 등

2 신규등록

의의	'신규등록'이란 새로 조성된 토지와 지적공부에 등록되어 있지 아니한 토지를 지적공부에 등록하는 것을 말한다(법 제2조 제29호).
신청의무	신규등록할 토지가 생긴 경우에 토지소유자는 그 사유가 발생한 날부터 60일 이내에 지적소관청에 신규등록을 신청하여야 한다(법 제77조).
제출서류	① 신규등록 사유를 기재한 신청서에 다음의 서류를 첨부하여 지적소관청에 제출하여야 한다(영 제63조, 규칙 제81조 제1항). ㉠ 「공유수면 관리 및 매립에 관한 법률」에 따른 준공검사확인증 사본 ㉡ 법원의 확정판결서 정본 또는 사본 ㉢ 도시계획구역의 토지를 그 지방자치단체의 명의로 등록하는 때에는 기획재정부장관과 협의한 문서의 사본 ㉣ 그 밖에 소유권을 증명하는 서류의 사본 ➡ 부동산등기사항증명서나 등기필정보는 소유권 증명서류가 아니다. ② 위 ①에 해당하는 서류를 그 지적소관청이 관리하는 경우에는 지적소관청의 확인으로 그 서류의 제출에 갈음할 수 있다(규칙 제81조 제2항).
지적정리 및 등기촉탁	① 신규등록의 경우 토지의 소유자는 지적소관청이 직접 조사하여 등록한다. (실질적 심사주의) ② 신규등록에 따른 지적공부를 정리한 후에는 등기촉탁을 하지 아니한다.

3 등록전환

31회

의의	'등록전환'이란 임야대장 및 임야도에 등록된 토지를 토지대장 및 지적도에 옮겨 등록하는 것을 말한다(법 제2조 제30호).
대상토지	① 「산지관리법」에 따른 산지전용허가·신고, 산지일시사용허가·신고, 「건축법」에 따른 건축허가·신고 또는 그 밖의 관계 법령에 따른 개발행위허가 등을 받은 경우 ② 대부분의 토지가 등록전환되어 나머지 토지를 임야도에 계속 존치하는 것이 불합리한 경우 ③ 임야도에 등록된 토지가 사실상 형질변경되었으나 지목변경을 할 수 없는 경우 ④ 도시·군관리계획선에 따라 토지를 분할하는 경우
신청의무	토지소유자는 등록전환할 토지가 있으면 그 사유가 발생한 날부터 60일 이내에 지적소관청에 등록전환을 신청하여야 한다(법 제78조).
지적정리	① 개발행위 관련 허가를 받은 경우에는 지목변경과 관계없이 등록전환을 신청할 수 있다. ② 지번은 신규등록과 동일한 방법으로 부여한다. ③ 경계는 반드시 지적측량을 실시하여 새로 결정한다. ④ 면적도 새로 측정하여 토지대장에 등록한다. ⑤ 임야대장의 면적과 등록전환될 면적의 차이가 오차허용범위 이내인 경우에는 등록전환될 면적을 등록전환 면적으로 결정하고, 허용범위를 초과하는 경우에는 임야대장의 면적 또는 임야도의 경계를 지적소관청이 직권으로 정정하여야 한다(영 제19조 제1항 제1호). **그림으로 보는 등록전환** 임야도 1/6,000 ⇨ 지적도 1/1,200 임야대장: 토지표시 400m² / 소유자 甲 ⇨ 토지대장: 토지표시 (공란) / 소유자 甲
등기촉탁	지적소관청은 등록전환에 따라 지적공부를 정리한 경우 지체 없이 관할 등기관서에 그 등기를 촉탁하여야 한다(법 제89조 제1항).

4 분할

<table>
<tr><td>의의</td><td colspan="2">'분할'이란 지적공부에 등록된 1필지를 2필지 이상으로 나누어 등록하는 것을 말한다(법 제2조 제31호).</td></tr>
<tr><td rowspan="3">대상토지 및 신청의무</td><td colspan="2">관계 법령에 따라 해당 토지에 대한 분할이 개발행위허가 등의 대상인 경우에는 개발행위허가 등을 받은 이후에 분할을 신청할 수 있다.</td></tr>
<tr><td>의무 있는 경우
(60일 이내)</td><td>① 1필지의 일부가 형질변경 등으로 용도가 변경된 경우</td></tr>
<tr><td>의무 없는 경우</td><td>② 소유권이전, 매매 등을 위하여 필요한 경우
③ 토지이용상 불합리한 지상경계를 시정하기 위한 경우</td></tr>
<tr><td>제출서류</td><td colspan="2">① 1필지의 일부가 형질변경 등으로 용도가 변경되어 분할신청을 하는 때에는 분할신청서와 지목변경 신청서를 함께 제출하여야 한다(영 제65조 제2항).
② 분할신청을 할 때 분할 사유를 기재한 신청서에 분할 허가 대상인 경우에는 그 허가서의 사본을 첨부하여 지적소관청에 제출하여야 한다(영 제65조 제2항, 규칙 제83조 제1항).</td></tr>
<tr><td>지적정리</td><td colspan="2">① 경계는 반드시 지적측량을 실시하여 새로 결정한다.
② 분할 후 면적의 합은 분할 전의 면적과 같아야 한다.
③ 다만, 분할 전후 면적의 차이가 허용범위 이내인 경우에는 그 오차를 분할 후의 각 필지의 면적에 따라 나누고, 허용범위를 초과하는 경우에는 지적공부상의 면적 또는 경계를 정정하여야 한다(영 제19조 제1항 제2호).

그림으로 보는 분할
$1,000m^2$ ⇨ $500m^2$ | $500m^2$
<측정면적> <등록면적>
(이내) $501m^2$ $501m^2$ ⇨ $500m^2$ $500m^2$
$499m^2$ $499m^2$ ⇨ $500m^2$ $500m^2$
(초과) $550m^2$ $550m^2$ ⇨ $550m^2$ $550m^2$
$450m^2$ $450m^2$ ⇨ $450m^2$ $450m^2$</td></tr>
<tr><td>등기촉탁</td><td colspan="2">지적소관청은 분할에 따라 지적공부를 정리한 경우 지체 없이 관할 등기관서에 그 등기를 촉탁하여야 한다(법 제89조 제1항).</td></tr>
</table>

오차처리 방법

구분	이내	초과
등록전환	될 면적	직권정정
분할	면적에 따라 나눈다.	정정

5 합병

35회

<table>
<tr><td>의의</td><td colspan="2">'합병'이란 지적공부에 등록된 2필지 이상의 토지를 1필지로 합하여 등록하는 것을 말한다(법 제2조 제32호).</td></tr>
<tr><td>합병의 제한</td><td colspan="2">다음 중 어느 하나(①~⑧)에 해당하는 경우에 토지소유자는 합병을 신청할 수 없다.
① 합병하려는 토지의 지번부여지역, 지목 또는 소유자가 서로 다른 경우
② 합병하려는 각 필지가 서로 연접하지 않은 경우
③ 합병하려는 토지의 지적도 및 임야도의 축척이 서로 다른 경우
④ 합병하려는 토지가 등기된 토지와 등기되지 않은 토지인 경우
⑤ 합병하려는 토지의 소유자별 공유지분이 다른 경우
⑥ 합병하려는 토지가 구획정리, 경지정리 또는 축척변경을 시행하고 있는 지역의 토지와 그 지역 밖의 토지인 경우
⑦ 합병하려는 각 필지의 지목은 같으나 일부 토지의 용도가 다르게 되어 분할대상 토지인 경우. 다만, 합병 신청과 동시에 토지의 용도에 따라 분할 신청을 하는 경우는 합병이 가능하다.
⑧ 합병하려는 토지소유자의 주소가 서로 다른 경우. 다만, 지적소관청이 「전자정부법」에 따른 행정정보의 공동이용을 통하여 '토지등기사항증명서, 법인등기사항증명서(신청인이 법인인 경우만 해당), 주민등록표 초본(신청인이 개인인 경우만 해당)'을 확인한 결과 토지소유자가 동일인임을 확인할 수 있는 경우는 제외한다.
⑨ 합병대상 토지에 다음의 등기가 있는 경우 합병 가능 여부
㉠ 용익권(지상권, 전세권, 승역지지역권, 임차권)만 있는 경우 ⇨ 합병 가능
㉡ 용익권 외의 등기(저당권, 가압류, 가처분, 담보가등기 등)가 있는 경우 ⇨ 합병 불가
㉢ 합병하려는 토지 전부에 같은 저당권등기가 있는 경우 ⇨ 합병 가능
㉣ 합병하려는 토지 전부에 대한 등기사항이 동일한 신탁등기가 있는 경우 ⇨ 합병 가능</td></tr>
<tr><td rowspan="2">대상토지 및 신청의무</td><td>의무 없는 경우</td><td>① 합병을 신청할지 여부는 소유자에게 의무가 없는 것이 원칙이다.</td></tr>
<tr><td>의무 있는 경우
(60일 이내)</td><td>② 「주택법」에 따른 공동주택의 부지
③ 제방, 수도용지, 하천, 구거, 철도용지, 도로, 유지, 학교용지, 공장용지, 공원, 체육용지 등 토지로서 합병하여야 할 토지</td></tr>
<tr><td>지적정리</td><td colspan="2">① 합병 전 각 필지의 경계 또는 좌표 중 합병으로 필요 없게 된 부분을 말소하여 결정하므로 지적측량을 실시하지 않는다.
② 합병 전의 각 필지의 면적을 합산하여 그 필지의 면적으로 결정하므로 면적측정을 실시하지 않는다.
[200m² | 200m²] ⇨ [400m²] 지적측량(X) 면적측정(X)</td></tr>
<tr><td>등기촉탁</td><td colspan="2">지적소관청은 합병에 따라 지적공부를 정리한 경우 지체 없이 관할 등기관서에 그 등기를 촉탁하여야 한다(법 제89조 제1항).</td></tr>
</table>

6 지목변경

의의	'지목변경'이란 지적공부에 등록된 지목을 다른 지목으로 바꾸어 등록하는 것을 말한다(법 제2조 제33호).
대상토지	①「국토의 계획 및 이용에 관한 법률」 등 관계 법령에 따른 토지의 형질변경 등의 공사가 준공된 경우 ② 도시개발사업 등의 원활한 추진을 위하여 사업시행자가 공사 준공 전에 토지의 합병을 신청하는 경우 ③ 토지 또는 건축물의 용도가 변경된 경우
신청의무	지목변경할 토지가 있으면 그 사유가 발생한 날부터 60일 이내에 지적소관청에 신청하여야 한다(법 제81조).
제출서류	① 개발행위허가·농지전용허가·보전산지전용허가 등 지목변경과 관련된 규제를 받지 아니하는 토지의 지목변경이나 전·답·과수원 상호간의 지목변경인 경우에는 첨부서류를 생략할 수 있다(규칙 제84조 제2항). ② 위 ①의 첨부서류를 해당 지적소관청이 관리하는 경우에는 지적소관청의 확인으로 그 서류의 제출을 갈음할 수 있다(규칙 제84조 제3항).
지적정리	지목변경의 경우에는 지목만 바꾸어 등록하면 되므로 지적측량을 하지 않는다.
등기촉탁	지적소관청은 지목변경에 따라 지적공부를 정리한 경우 지체 없이 관할 등기관서에 그 등기를 촉탁하여야 한다(법 제89조 제1항).

7 바다로 된 토지의 등록말소

1. 등록말소 절차

의의	지적공부에 등록된 토지가 지형의 변화 등으로 바다로 된 경우로서 원상으로 회복할 수 없거나 다른 지목의 토지로 될 가능성이 없는 경우에 지적공부의 등록을 말소하는 것을 말한다(법 제82조 제1항).
말소통지	지적소관청은 바다로 된 토지로서 말소의 대상이 되는 토지가 있는 경우 지적공부에 등록된 토지소유자에게 지적공부의 등록말소 신청을 하도록 통지하여야 한다.
말소신청	토지소유자는 통지받은 날부터 90일 이내에 등록말소 신청을 하여야 한다(법 제82조 제2항).
직권말소	지적소관청은 토지소유자가 통지받은 날부터 90일 이내에 등록말소 신청을 하지 아니하면 직권으로 그 지적공부의 등록사항을 말소하여야 한다(법 제82조 제2항, 영 제68조 제1항).
통지	지적소관청이 직권으로 지적공부의 등록사항을 말소한 때에는 그 정리결과를 토지소유자 및 해당 공유수면의 관리청에 통지하여야 한다(영 제68조 제3항).

2. 회복등록 절차

회복등록	① 지적소관청은 말소된 토지가 지형의 변화 등으로 다시 토지로 된 경우에는 이를 회복등록할 수 있다(법 제82조 제3항). ② 이 경우 회복등록의 신청의무는 없다. → 90일 이내(×)
회복등록자료	지적소관청이 회복등록을 하려는 때에는 그 지적측량성과 및 등록말소 당시의 지적공부 등 관계 자료에 따라야 한다(영 제68조 제2항).
통지	지적소관청이 직권으로 지적공부의 등록사항을 회복등록한 때에는 그 정리결과를 토지소유자 및 해당 공유수면의 관리청에 통지하여야 한다(영 제68조 제3항).

8 축척변경

31회 · 32회 · 33회 · 34회 · 35회

1. 축척변경의 의의 및 대상

의의	'축척변경'이란 지적도에 등록된 경계점의 정밀도를 높이기 위하여 작은 축척을 큰 축척으로 변경하여 등록하는 것을 말한다(법 제2조 제34호).
대상토지	지적소관청은 지적도가 다음 중 어느 하나에 해당하는 경우에는 토지소유자의 신청 또는 직권으로 일정한 지역을 정하여 그 지역의 축척을 변경할 수 있다(법 제83조 제2항). ① 잦은 토지의 이동으로 1필지의 규모가 작아서 소축척으로는 지적측량성과의 결정이나 토지의 이동에 따른 정리가 곤란한 경우 ② 하나의 지번부여지역 안에 서로 다른 축척의 지적도가 있는 경우

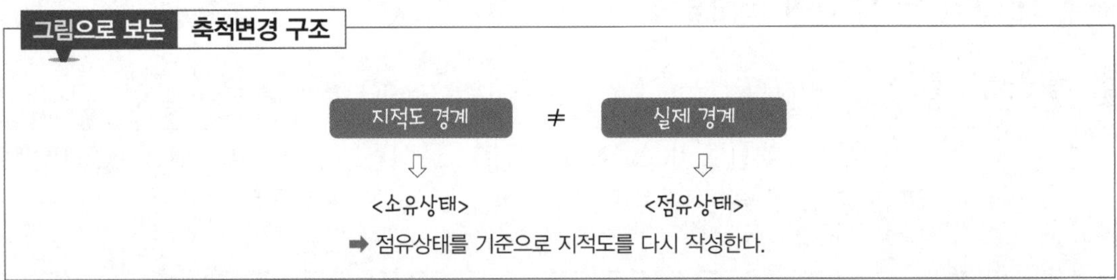

그림으로 보는 축척변경 구조
지적도 경계
≠
실제 경계
<소유상태>
<점유상태>
➡ 점유상태를 기준으로 지적도를 다시 작성한다.

2. 축척변경의 절차

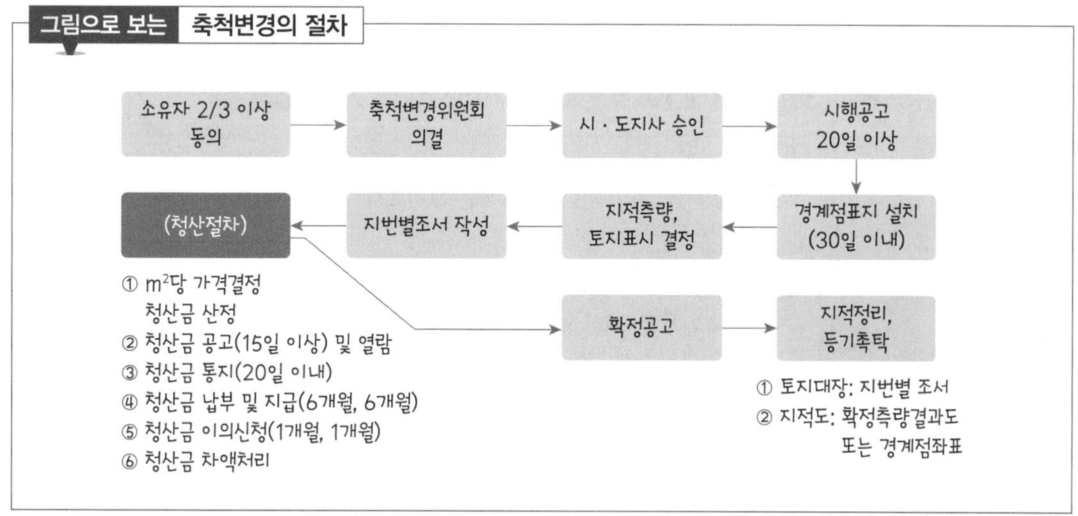

(1) 토지소유자의 동의 및 축척변경위원회의 의결

지적소관청은 토지소유자의 신청 또는 직권으로 축척변경을 하려면 축척변경 시행지역의 토지소유자 3분의 2 이상의 동의를 받아 축척변경위원회의 의결을 거쳐야 한다(법 제83조 제3항).

(2) 시·도지사 또는 대도시 시장의 승인

지적소관청은 축척변경위원회의 의결을 거친 후 시·도지사 또는 대도시 시장의 승인을 받아야 한다(법 제83조 제3항). 암기 반지축

(3) 축척변경 시행공고

지적소관청은 시·도지사 또는 대도시 시장으로부터 축척변경 승인을 받았을 때에는 지체 없이 다음의 사항을 20일 이상 공고하여야 한다(영 제71조 제1항).

① 축척변경의 목적, 시행지역 및 시행기간
② 축척변경의 시행에 관한 세부계획
③ 축척변경의 시행에 따른 청산방법
④ 축척변경의 시행에 따른 토지소유자 등의 협조에 관한 사항

(4) 경계점표지 설치

축척변경 시행지역의 토지소유자 또는 점유자는 시행공고가 된 날(시행공고일)부터 30일 이내에 시행공고일 현재 점유하고 있는 경계에 경계점표지를 설치하여야 한다(영 제71조 제3항).

(5) 축척변경측량 및 토지의 표시사항 결정

① 지적소관청이 축척변경을 위한 측량을 할 때에는 토지소유자 또는 점유자가 설치한 경계점표지를 기준으로 새로운 축척에 따라 면적·경계 또는 좌표를 정하여야 한다(영 제72조 제2항).

② 지적소관청은 축척변경 시행지역의 각 필지별 지번·지목·면적·경계 또는 좌표를 새로 정하여야 한다(영 제72조 제1항).

참고

축척변경위원회의 의결 및 시·도지사 또는 대도시 시장의 승인을 거치지 않는 경우

대상토지	① 합병하려는 토지가 축척이 다른 지적도에 각각 등록되어 있어 축척변경을 하는 경우 ② 도시개발사업 등의 시행지역에 있는 토지로서 그 사업 시행에서 제외된 토지의 축척변경을 하는 경우
지적정리	① 축척변경위원회의 의결 및 시·도지사 또는 대도시 시장의 승인 없이 축척을 변경할 때에는 각 필지별 지번·지목 및 경계는 종전의 지적공부에 따르고 면적만 새로 정하여야 한다(영 제72조 제3항). ② 위 ①에 따라 면적을 새로 정하는 때에는 축척변경 측량결과도에 따라야 한다(규칙 제87조 제1항). ③ 축척변경 측량결과도에 따라 면적을 측정한 결과 축척변경 전의 면적과 축척변경 후의 면적의 오차가 허용범위 이내인 경우에는 축척변경 전의 면적을 결정면적으로 하고, 허용면적을 초과하는 경우에는 축척변경 후의 면적을 결정면적으로 한다(규칙 제87조 제2항).

(6) 지번별 조서의 작성

지적소관청은 축척변경에 관한 측량을 완료한 때에는 시행공고일 현재의 지적공부상의 면적과 측량 후의 면적을 비교하여 그 변동사항을 표시한 축척변경 지번별 조서를 작성하여야 한다(영 제73조).

(7) 청산절차(면적증감의 처리)

청산금 산정	① 지적소관청은 축척변경에 관한 측량을 한 결과 면적의 증감이 있는 경우에는 다음의 경우를 제외하고 그 증감면적에 대하여 청산을 하여야 한다(영 제75조 제1항). ㉠ 필지별 증감면적이 법령의 규정에 따른 허용범위 이내인 경우. 다만, 축척변경위원회의 의결이 있는 때에는 제외한다. ㉡ 토지소유자 전원이 청산하지 아니하기로 합의하여 이를 서면으로 제출한 경우 ② 면적증감에 대하여 청산을 할 때에는 축척변경위원회의 의결을 거쳐 지번별로 m^2당 금액을 정하여야 한다. 이 경우 지적소관청은 시행공고일 현재를 기준으로 그 축척변경 시행지역의 토지에 대하여 지번별 m^2당 금액을 미리 조사해서 축척변경위원회에 제출하여야 한다(영 제75조 제2항). ③ 청산금은 축척변경 지번별 조서의 필지별 증감면적에 지번별 m^2당 금액을 곱하여 산정한다(영 제75조 제3항).
청산금의 공고 및 열람	지적소관청은 청산금을 산정한 때에는 청산금 조서를 작성하고, 청산금이 결정되었다는 뜻을 시·군·구 및 축척변경 시행지역 동·리의 게시판에 15일 이상 공고하여 일반인이 열람할 수 있게 하여야 한다(영 제75조 제4항). 암기 공통1520

납부고지 및 수령통지	지적소관청은 청산금의 결정을 공고한 날부터 20일 이내에 토지소유자에게 청산금의 납부고지 또는 수령통지를 하여야 한다(영 제76조 제1항). 암기 공룡1520
청산금의 납부 및 지급	납부고지를 받은 자는 그 고지를 받은 날부터 6개월 이내에 청산금을 지적소관청에 내야 하고, 지적소관청은 수령통지를 한 날부터 6개월 이내에 청산금을 지급하여야 한다(영 제76조 제2항·제3항).
청산금에 대한 이의신청	① 청산금에 관하여 이의가 있는 자는 납부고지 또는 수령통지를 받은 날부터 1개월 이내에 지적소관청에 이의신청을 할 수 있다(영 제77조 제1항). ② 이의신청을 받은 지적소관청은 1개월 이내에 축척변경위원회의 심의·의결을 거쳐 그 인용(認容) 여부를 결정한 후 지체 없이 그 내용을 이의신청인에게 통지하여야 한다(영 제77조 제2항).
청산금 차액의 처리	청산금을 산정한 결과 차액이 생긴 경우 초과액은 그 지방자치단체의 수입으로 하고, 부족액은 그 지방자치단체가 부담한다(영 제75조 제5항).

(8) 축척변경의 확정공고

① 청산금의 납부 및 지급이 완료되었을 때에는 지적소관청은 지체 없이 축척변경의 확정공고를 하여야 한다(영 제78조 제1항).

② 축척변경 시행지역의 토지는 축척변경의 확정공고일에 토지의 이동이 있는 것으로 본다(영 제78조 제3항).

(9) 지적공부의 정리 및 등기촉탁

① 지적소관청은 확정공고를 하였을 때에는 지체 없이 축척변경에 따라 확정된 사항을 지적공부에 등록하여야 한다(영 제78조 제2항).

② 지적소관청은 축척변경에 따라 확정된 사항을 지적공부에 등록하는 때에는 다음의 기준에 따라야 한다(규칙 제92조 제2항).

> ㉠ 토지대장은 확정공고된 축척변경 지번별 조서에 따를 것
> ㉡ 지적도는 확정측량결과도 또는 경계점좌표에 따를 것

③ 지적소관청이 축척변경에 의하여 확정된 사항을 지적공부에 등록한 때에는 지체 없이 관할 등기관서에 등기를 촉탁하여야 한다(법 제89조).

3. 축척변경위원회

의의	축척변경에 관한 사항을 심의·의결하기 위하여 지적소관청에 축척변경위원회를 둔다.
구성	① 축척변경위원회는 5명 이상 10명 이내의 위원으로 구성하되, 위원의 2분의 1 이상을 토지소유자로 하여야 한다. 이 경우 그 축척변경 시행지역의 토지소유자가 5명 이하인 때에는 토지소유자 전원을 위원으로 위촉하여야 한다(영 제79조 제1항). ② 위원장은 위원 중에서 지적소관청이 지명한다(영 제79조 제2항). ③ 위원은 해당 축척변경 시행지역의 토지소유자로서 지역 사정에 정통한 사람이나 지적에 관하여 전문지식을 가진 사람 중에서 지적소관청이 위촉한다(영 제79조 제3항).
심의·의결 사항	① 축척변경 시행계획에 관한 사항 ② 지번별 m^2당 금액의 결정과 청산금의 산정에 관한 사항 ③ 청산금의 이의신청에 관한 사항 ④ 그 밖에 축척변경과 관련하여 지적소관청이 회의에 부치는 사항
회의 등	위원장은 축척변경위원회의 회의를 소집할 때에는 회의일시·장소 및 심의안건을 회의 개최 5일 전까지 각 위원에게 서면으로 통지하여야 한다(영 제81조 제3항).

9 등록사항 정정

31회·35회

1. 토지의 표시정정

소유자의 신청에 의한 정정	① 토지소유자는 지적공부의 등록사항에 잘못이 있음을 발견하면 지적소관청에 그 정정을 신청할 수 있다(법 제84조 제1항). 읍·면·동장(×) ② 토지소유자가 지적공부의 경계 또는 면적의 변경을 가져오는 등록사항에 대한 정정신청을 하는 때에는 정정사유를 적은 신청서에 등록사항 정정 측량성과도를 첨부하여 지적소관청에 제출하여야 한다(규칙 제93조 제1항). ③ 토지소유자의 신청에 의한 정정으로 인하여 인접토지의 경계가 변경되는 경우에는 인접 토지소유자의 승낙서나 이에 대항할 수 있는 확정판결서 정본을 지적소관청에 제출하여야 한다(법 제84조 제3항).
지적소관청 직권에 의한 정정	지적소관청은 지적공부의 등록사항에 잘못이 있음을 발견하면 직권으로 조사·측량하여 정정할 수 있다(법 제84조 제2항, 영 제82조 제1항). ① 토지이동정리 결의서의 내용과 다르게 정리된 경우 ② 지적도 및 임야도에 등록된 필지가 면적의 증감 없이 경계의 위치만 잘못된 경우 ③ 지적공부의 작성 또는 재작성 당시 잘못 정리된 경우 ④ 지적측량성과와 다르게 정리된 경우 → 측량준비파일(×) ⑤ 지적공부의 등록사항이 잘못 입력된 경우

	⑥ 지적측량적부심사 및 재심사청구에 따른 지적위원회의 의결결과에 따라 지적공부의 등록사항 정정을 하여야 하는 경우 ⑦ 토지합필의 제한에 위반한 등기의 신청을 각하한 때의 그 사유의 통지가 있는 경우(지적소관청의 착오로 잘못 합병한 경우만 해당한다) ⑧ 면적의 단위가 척관법에서 미터법으로의 변경에 따라 면적환산이 잘못된 경우

2. 토지소유자의 정정

등기된 토지	정정사항이 토지소유자에 관한 사항인 경우에는 등기필증, 등기완료통지서, 등기사항증명서 또는 등기관서에서 제공한 등기전산정보자료에 따라 정정하여야 한다(법 제84조 제4항 본문).
미등기토지	미등기토지에 대하여 토지소유자의 성명 또는 명칭, 주민등록번호, 주소 등에 관한 사항의 정정을 신청한 경우로서 그 등록사항이 명백히 잘못된 경우에는 가족관계 기록사항에 관한 증명서에 따라 정정하여야 한다(법 제84조 제4항 단서).

3. 지적측량 정지

지적공부의 등록사항 중 경계나 면적 등 측량을 수반하는 토지의 표시가 잘못된 경우에는 지적소관청은 그 정정이 완료될 때까지 지적측량을 정지시킬 수 있다. 다만, 잘못 표시된 사항의 정정을 위한 지적측량(→ 등록사항 정정측량)은 그러하지 아니하다(영 제82조 제3항).

4. 등록사항 정정 대상토지에 대한 지적소관청의 조치

지적소관청의 조치	지적소관청은 토지의 표시가 잘못되었음을 발견하였을 때에는 지체 없이 등록사항 정정에 필요한 서류와 등록사항 정정 측량성과도를 작성하고, 토지이동정리 결의서를 작성한 후 대장의 사유란에 '등록사항 정정 대상토지'라고 적고, 토지소유자에게 등록사항 정정 신청을 할 수 있도록 그 사유를 통지하여야 한다(규칙 제94조 제1항).
열람 및 발급	등록사항 정정 대상토지에 대한 대장을 열람하게 하거나 등본을 발급하는 때에는 '등록사항 정정 대상토지'라고 적은 부분을 흑백의 반전(反轉)으로 표시하거나 붉은색으로 적어야 한다(규칙 제94조 제2항).

그림으로 보는 토지의 이동 및 지적정리 개관

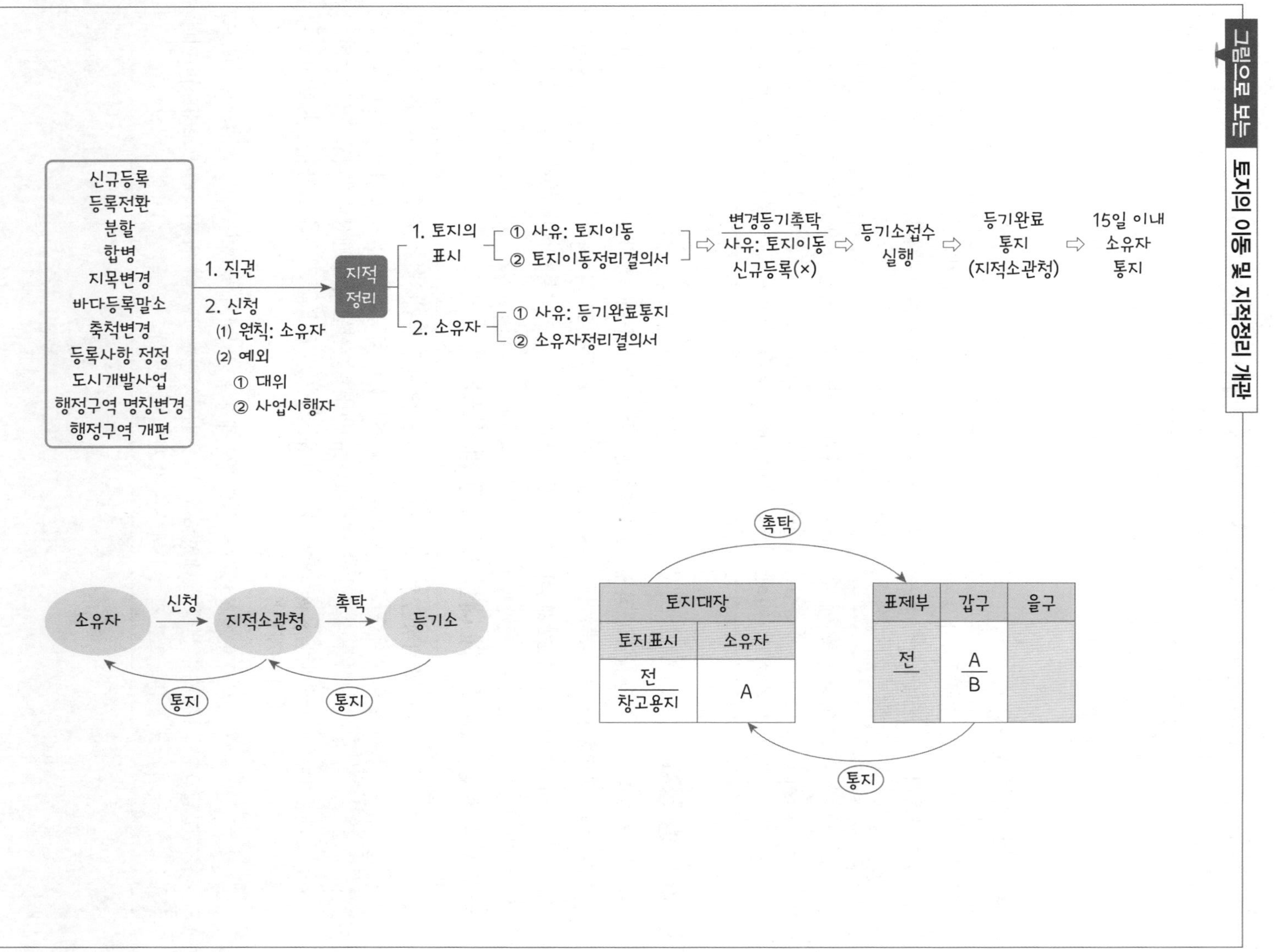

| 제2절 | 지적정리의 개시 유형

1 소유자의 신청

지적공부에 등록하는 지번·지목·면적·경계 또는 좌표는 토지의 이동이 있을 때 토지소유자의 신청을 받아 지적소관청이 결정한다(법 제64조 제2항).

2 대위신청

다음의 어느 하나에 해당되는 자는 이 법에 따라 토지소유자가 하여야 하는 신청을 대신할 수 있다. 다만, 등록사항 정정 대상토지는 제외한다(법 제87조).

① 공공사업 등에 따라 학교용지·도로·철도용지·하천·제방·구거·유지·수도용지 등의 지목으로 되는 토지의 경우: 해당 사업의 시행자
② 국가 또는 지방자치단체가 취득하는 토지의 경우: 해당 토지를 관리하는 행정기관의 장 또는 지방자치단체의 장
③ 「주택법」에 따른 공동주택의 부지인 경우: 「집합건물의 소유 및 관리에 관한 법률」에 따른 관리인(다만, 관리인이 없는 경우에는 공유자가 선임한 대표자) 또는 해당 사업의 시행자
④ 「민법」 제404조(채권자의 대위신청)의 규정에 따른 채권자

3 도시개발사업 등 시행지역의 신청

31회·34회

신고	도시개발사업, 농어촌정비사업, 그 밖에 대통령령으로 정하는 토지개발사업의 시행자는 그 사업의 착수·변경 또는 완료 사실을 그 사유가 발생한 날부터 15일 이내에 지적소관청에 신고하여야 한다(법 제86조 제1항, 영 제83조 제2항).
신청	① 도시개발사업, 농어촌정비사업, 그 밖에 대통령령으로 정하는 토지개발사업과 관련하여 토지의 이동이 필요한 경우 해당 사업의 시행자는 지적소관청에 토지의 이동을 신청하여야 한다. 이 경우 토지소유자에게는 신청권이 없다(법 제86조 제2항). ② 사업의 완료신고가 되기 전에 사업의 착수 또는 변경의 신고가 된 토지의 소유자가 해당 토지의 이동을 원하는 경우에는 해당 사업의 시행자에게 그 토지의 이동을 신청하도록 요청하여야 하며, 요청을 받은 사업시행자는 해당 사업에 지장이 없다고 판단되면 지적소관청에 그 이동을 신청하여야 한다(법 제86조 제4항). ③ 「주택법」에 따른 주택건설사업의 시행자가 파산 등의 이유로 토지의 이동신청을 할 수 없는 때에는 그 주택의 시공을 보증한 자 또는 입주예정자 등이 신청할 수 있다(영 제83조 제4항). ④ 도시개발사업 등 그 신청대상지역이 환지를 수반하는 경우에는 도시개발사업 등의 사업완료신고로써 토지의 이동신청에 갈음할 수 있다(영 제83조 제3항).

토지이동의 시기	도시개발사업 등으로 인한 토지의 이동은 토지의 형질변경 등의 공사가 준공된 때 이루어진 것으로 본다(법 제86조 제3항).

석's 출제포인트

토지이동의 효력발생시기

원칙		지적공부에 등록한 때 ➡ 지적형식주의
예외	축척변경	확정공고일
	도시개발사업	공사가 준공된 때

| 제3절 | 지적정리

33회

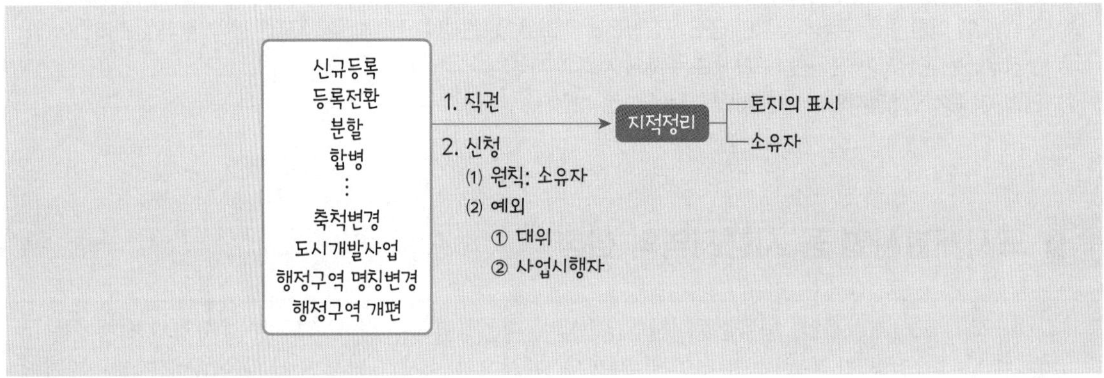

1 토지의 표시 정리

① 지적소관청은 토지의 이동이 있는 경우 토지의 표시를 정리하여야 한다. 이 경우 이미 작성된 지적공부에 정리할 수 없을 때에는 새로 작성하여야 한다(영 제84조 제1항).

> ㉠ 지번을 변경하는 경우
> ㉡ 지적공부를 복구하는 경우
> ㉢ 신규등록 · 등록전환 · 분할 · 합병 · 지목변경 등 토지의 이동이 있는 경우

② 지적소관청은 토지의 이동이 있는 경우에는 토지이동정리 결의서를 작성하여야 한다(영 제84조 제2항).

2 토지의 소유자정리

1. 소유자정리 결의서 작성

지적소관청은 토지소유자의 변동 등에 따라 지적공부를 정리하려는 경우에는 소유자정리 결의서를 작성하여야 한다(영 제84조 제2항).

2. 이미 등록된 토지의 소유자정리

<table>
<tr>
<td>원칙
(등기부에
의한 정리)</td>
<td>① 지적공부에 등록된 토지소유자의 변경사항은 등기관서에서 등기한 것을 증명하는 등기필증, 등기완료통지서, 등기사항증명서 또는 등기관서에서 제공한 등기전산정보자료에 따라 정리한다(법 제88조 제1항).
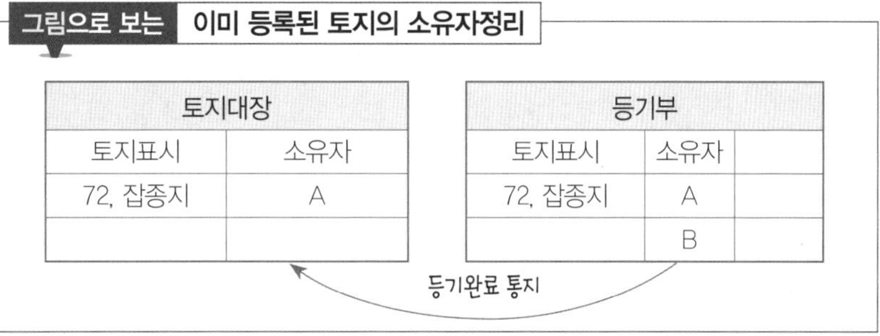
</td>
</tr>
<tr>
<td>토지의 표시
불일치</td>
<td>② 등기부에 적혀 있는 토지의 표시가 지적공부와 일치하지 아니하면 위 ①에 따라 토지소유자를 정리할 수 없다. 이 경우 지적공부와 등기부의 토지의 표시가 일치하지 아니하다는 사실을 관할 등기관서에 통지하여야 한다(법 제88조 제3항).
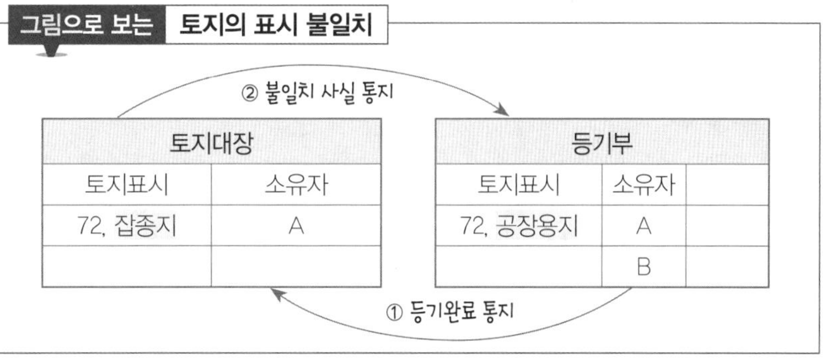
</td>
</tr>
<tr>
<td>소유자
불일치</td>
<td>③ 지적소관청은 필요하다고 인정하는 경우에는 관할 등기관서의 등기부를 열람하여 지적공부와 부동산등기부가 일치하는지 여부를 조사·확인하여야 한다(법 제88조 제4항).
④ 일치하지 아니하는 사항(= 소유자)을 발견하면 등기사항증명서 또는 등기전산정보자료에 따라 지적공부를 직권으로 정리하거나, 토지소유자나 그 밖의 이해관계인에게 신청 등을 하도록 요구할 수 있다(법 제88조 제4항).
⑤ 지적소관청 소속 공무원이 지적공부와 부동산등기부의 부합 여부를 확인하기 위하여 등기부를 열람하거나, 등기사항증명서의 발급을 신청하는 경우 그 수수료는 무료로 한다(법 제88조 제5항).</td>
</tr>
</table>

3. 신규등록지 및 소유자 없는 부동산에 대한 소유자 등록

신규등록	토지를 신규등록하는 때에는 지적소관청이 직접 조사하여 소유자를 등록한다.
소유자 없는 부동산	「국유재산법」에 따른 총괄청이나 중앙관서의 장이 소유자 없는 부동산에 대한 소유자 등록을 신청하는 경우 지적소관청은 지적공부에 해당 토지의 소유자가 등록되지 아니한 경우에만 등록할 수 있다(법 제88조 제2항).

석's 출제포인트

대장과 등기부의 관계

토지의 표시	① 대장을 기준으로 한다. ② 토지대장에 등록된 토지의 소재, 지번, 지목, 면적은 부동산등기부의 표제부에 토지의 표시사항을 정리하는 기준이 된다. ③ 등기부에 적혀 있는 토지의 표시가 대장과 일치하지 아니하면 지적소관청은 관할 등기관서에 그 사실을 통지하여야 한다(법 제88조 제3항). 직권정정(×)
소유자	① 등기부를 기준으로 한다. ② 부동산등기부에 등기된 소유자는 토지대장의 소유자를 등록하는 기준이 된다. ③ 대장에 적혀 있는 소유자가 등기부와 일치하지 아니하면 지적소관청은 직권으로 이를 정정할 수 있다.

| 제4절 | 등기촉탁 및 지적정리 등의 통지

1 변경등기의 촉탁

35회

의의	① 지적소관청은 토지의 이동(신규등록은 제외)으로 토지의 표시 변경에 관한 등기를 할 필요가 있는 경우에는 지체 없이 관할 등기관서에 그 등기를 촉탁하여야 한다(법 제89조 제1항). 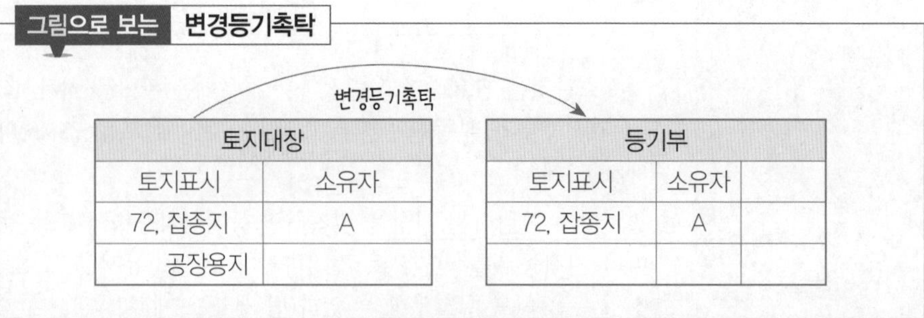 ② 이 경우 지적소관청의 등기촉탁은 국가가 국가를 위하여 하는 등기로 본다(법 제89조 제1항).

사유	① 토지의 이동정리를 한 경우(신규등록은 제외, 법 제64조 제2항) ② 시·도지사 또는 대도시 시장의 승인을 받아 지번부여지역 전부 또는 일부에 대하여 지번을 새로 부여한 때(법 제66조 제2항) ③ 바다로 된 토지를 등록말소하는 경우(법 제82조) ④ 축척변경을 한 경우(법 제83조 제2항) ⑤ 등록사항의 오류를 직권으로 정정한 경우(법 제84조 제2항) ⑥ 행정구역의 개편으로 새로 지번을 부여한 경우(법 제85조 제2항) ➕ 신규등록, 소유자를 정리하는 경우에는 등기를 촉탁하지 아니한다.

2 지적정리 등의 통지

34회

통지대상	다음과 같은 경우에는 지적소관청이 해당 토지소유자에게 통지하여야 한다(법 제90조). ① 토지의 이동이 있을 때 지적소관청이 직권으로 토지이동을 조사·측량하여 지적공부에 등록·정리한 때 ② 시·도지사 또는 대도시 시장의 승인을 받아 지번부여지역 전부 또는 일부에 대하여 지번을 새로 부여한 때 ➡ 직권으로 하는 경우이다. ③ 지적공부를 복구한 때 ➡ 직권으로 하는 경우이다. ④ 바다로 된 토지의 소유자가 그 통지를 받은 날부터 90일 이내에 등록말소신청을 하지 아니하여 지적소관청이 직권으로 등록말소한 때 ⑤ 지적소관청이 등록사항의 오류를 직권으로 조사·측량하여 정정한 때 ⑥ 행정구역 개편으로 지적소관청이 새로 그 지번을 부여한 때 ➡ 직권으로 하는 경우이다. ⑦ 도시개발사업 등으로 인하여 토지이동이 있는 때에 그 사업시행자가 지적소관청에 그 이동을 신청하여 지적정리를 한 때 ⑧ 대위신청권자의 신청에 의하여 지적소관청이 지적정리를 한 때 ⑨ 토지표시의 변경에 관하여 관할 등기소에 등기를 촉탁한 때 ➕ 소유자를 정리한 경우는 통지의 대상이 아니다.
통지시기	① 토지의 표시에 관한 변경등기가 필요한 경우: 그 등기완료통지서를 접수한 날부터 15일 이내 ② 토지의 표시에 관한 변경등기가 필요하지 않은 경우: 지적공부에 등록한 날부터 7일 이내 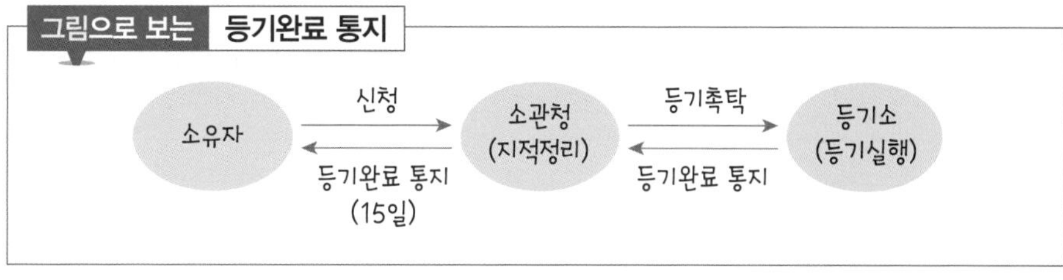

POINT

04 지적측량

| 제1절 | 지적측량의 개요

1 지적측량의 의의 및 대상

32회 · 33회

구분	내용
의의	'지적측량'이란 토지를 지적공부에 등록하거나 지적공부에 등록된 경계점을 지상에 복원하기 위하여 각 필지의 경계 또는 좌표와 면적을 정하는 측량을 말한다(법 제2조 제4호).
지적측량의 대상 (13가지)	암기 축복 현경이 바다분할등기 후 확 정신차려 재검했다 ① 기초측량: 지적기준점을 정하는 경우 ② 검사측량: 지적측량성과를 검사하는 경우 ③ 다음의 어느 하나에 해당하는 경우로서 측량을 할 필요가 있는 경우 ㉠ 복구측량: 지적공부를 복구하는 경우 ㉡ 신규등록측량: 토지를 신규등록하는 경우 ㉢ 등록전환측량: 토지를 등록전환하는 경우 ㉣ 분할측량: 토지를 분할하는 경우 ㉤ 등록말소측량: 바다가 된 토지의 등록을 말소하는 경우 ㉥ 축척변경측량: 축척을 변경하는 경우 ㉦ 등록사항정정측량: 지적공부의 등록사항을 정정하는 경우 ㉧ 지적확정측량: 도시개발사업 등의 시행지역에서 토지의 이동이 있는 경우 ㉨ 지적재조사측량: 지적재조사사업에 따라 토지의 이동이 있는 경우 ④ 경계복원측량: 경계점을 지상에 복원하는 경우 ⑤ 지적현황측량: 지상건축물 등의 현황을 지적도 및 임야도에 등록된 경계와 대비하여 표시하는 데 필요한 경우
지적측량하지 않는 경우	① 지번변경 ② 지목변경 ③ 토지의 합병 ④ 연속지적도에 있는 경계점을 지상에 표시하기 위한 경우 ⑤ 토목공사를 위한 주요 지형측량 ➡ 일반 측량에 해당한다. ⑥ 행정구역 변경

2 지적기준점

31회 · 34회

기초측량	① 의의: 지적기준점을 정하는 경우 실시하는 지적측량을 말한다. ② 절차: 계획의 수립 ⇨ 준비 및 현지답사 ⇨ 선점 및 조표 ⇨ 관측 및 계산 ⇨ 성과표 작성
지적기준점성과 관리	① 시·도지사나 지적소관청은 지적기준점성과와 그 측량기록을 보관하고 일반인이 열람할 수 있도록 하여야 한다(법 제27조 제1항). ② 지적삼각점성과는 특별시장·광역시장·도지사 또는 특별자치도지사(이하 '시·도지사'라 한다)가 관리한다(지적측량 시행규칙 제3조 제1호). ③ 지적삼각보조점성과 및 지적도근점성과는 지적소관청이 관리한다(지적측량 시행규칙 제3조 제1호).
지적기준점성과 열람 및 발급	① 지적삼각점성과에 대해서는 '시·도지사' 또는 지적소관청에 신청하여야 한다(규칙 제26조 제1항). ② 지적삼각보조점성과 및 지적도근점성과에 대해서는 지적소관청에 신청하여야 한다(규칙 제26조 제1항).

석's 출제포인트

지적기준점의 성과 관리 및 열람·발급

구분	지적기준점의 성과 관리	열람 및 등본 발급
지적삼각점	시·도지사	시·도지사, 지적소관청
지적삼각보조점	지적소관청	지적소관청
지적도근점		

| 제2절 | 지적측량의 절차

32회·33회·34회

1 지적측량의 절차

지적소관청(×)

지적측량 의뢰	① 토지소유자 등 이해관계인은 지적측량을 하여야 할 필요가 있는 때에는 지적측량 수행자(지적측량업의 등록을 한 자와 한국국토정보공사)에게 해당 지적측량을 의뢰하여야 한다(법 제24조 제1항). ② 지적측량성과를 검사하기 위한 검사측량과 지적재조사사업에 따른 지적재조사측량은 지적측량 의뢰의 대상에서 제외된다. 암기 재검
지적측량 의뢰서 제출	지적측량을 의뢰하려는 자는 지적측량 의뢰서(전자문서로 된 의뢰서를 포함)에 의뢰 사유를 증명하는 서류(전자문서를 포함)를 첨부하여 지적측량수행자에게 제출하여야 한다(규칙 제25조 제1항).
지적측량수행계획서 제출 및 측량 실시	① 지적측량 의뢰를 받은 지적측량수행자는 측량기간·측량일자·측량수수료 등을 기재한 지적측량 수행계획서를 그 다음 날까지 지적소관청에 제출하여야 한다(규칙 제25조 제2항). ② 지적측량수행자는 지적측량 의뢰를 받으면 지적측량을 하여 그 측량성과를 결정하여야 한다(법 제24조 제2항).
측량성과 검사	① 지적측량수행자가 지적측량을 하였으면 시·도지사, 대도시 시장 또는 지적소관청으로부터 측량성과에 대한 검사를 받아야 한다(법 제25조 제1항). ② 지적공부를 정리하지 아니하는 경계복원측량과 지적현황측량은 검사를 받지 않는다(법 제25조 제1항 단서, 지적측량 시행규칙 제28조 제1항). 암기 현경이 통과
지적측량성과도 발급	지적소관청은 측량성과를 검사하여 측량성과가 정확하다고 인정되는 때에는 지적측량성과도를 지적측량수행자에게 발급하여야 하며, 지적측량수행자는 측량의뢰인에게 그 지적측량성과도를 포함한 지적측량결과부를 지체 없이 발급하여야 한다(지적측량 시행규칙 제28조 제2항 제3호).

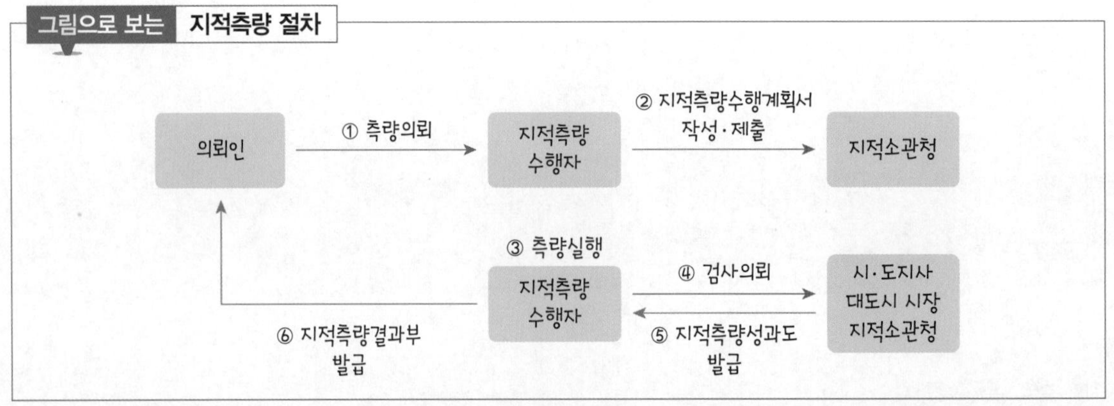

2 지적측량기간 및 측량검사기간

세부측량기간	지적측량의 측량기간은 5일로 하며, 측량검사기간은 4일로 한다(규칙 제25조 제3항 본문).
기초측량기간	세부측량을 하기 위하여 지적기준점을 설치하여 측량 또는 측량검사를 하는 경우 지적기준점이 15점 이하인 때에는 4일을, 15점을 초과하는 때에는 4일에 15점을 초과하는 4점마다 1일을 가산한다(규칙 제25조 제3항 단서). **그림으로 보는 기초측량기간** 5점 10점 15점 19점 23점 4일 / 4+1=5일 / 4+1+1=6일 OO점 + OO측량 측량기간: (일) (일) 검사기간: (일) (일)
합의한 경우	지적측량의뢰인과 지적측량수행자가 서로 합의하여 따로 기간을 정하는 경우에는 그 기간에 따르되, 전체 기간의 4분의 3은 측량기간으로, 전체 기간의 4분의 1은 측량검사기간으로 본다(규칙 제25조 제4항).

| 제3절 | 지적위원회 및 지적측량 적부심사

31회 · 32회 · 34회

1 지적위원회

1. 지적위원회의 종류, 구성, 회의 등

종류	국토교통부에 중앙지적위원회를 두고, 특별시 · 광역시 · 특별자치시 · 도 또는 특별자치도(이하 '시 · 도'라 한다)에 지방지적위원회를 둔다(법 제28조 제1항 · 제2항).
구성 및 임기	① 중앙지적위원회는 위원장 1명과 부위원장 1명을 포함하여 5명 이상 10명 이하의 위원으로 구성한다(영 제20조 제1항). ② 위원장은 국토교통부의 지적업무 담당 국장이, 부위원장은 국토교통부의 지적업무 담당 과장이 된다(영 제20조 제2항). ③ 위원은 지적에 관한 학식과 경험이 풍부한 사람 중에서 국토교통부장관이 임명하거나 위촉한다(영 제20조 제3항). ④ 위원장 및 부위원장을 제외한 위원의 임기는 2년으로 한다(영 제20조 제4항).

제척사유	① 위원 또는 그 배우자나 배우자이었던 사람이 해당 안건의 당사자가 되거나 그 안건의 당사자와 공동권리자 또는 공동의무자인 경우 ② 위원이 해당 안건의 당사자와 친족이거나 친족이었던 경우 ③ 위원이 해당 안건에 대하여 증언, 진술 또는 감정을 한 경우 ④ 위원이나 위원이 속한 법인·단체 등이 해당 안건의 당사자의 대리인이거나 대리인이었던 경우 ⑤ 위원이 해당 안건의 원인이 된 처분 또는 부작위에 관여한 경우
회의 등	① 중앙지적위원회 위원장은 회의를 소집하고 그 의장이 된다(영 제21조 제1항). ② 위원장이 부득이한 사유로 직무를 수행할 수 없을 때에는 부위원장이 그 직무를 대행하고, 위원장 및 부위원장이 모두 부득이한 사유로 직무를 수행할 수 없을 때에는 위원장이 미리 지명한 위원이 그 직무를 대행한다(영 제21조 제2항). ③ 중앙지적위원회의 회의는 재적위원 과반수의 출석으로 개의(開議)하고, 출석위원 과반수의 찬성으로 의결한다(영 제21조 제3항). ④ 중앙지적위원회는 관계인을 출석하게 하여 의견을 들을 수 있으며, 필요하면 현지조사를 할 수 있다(영 제21조 제4항). ⑤ 위원장이 중앙지적위원회의 회의를 소집할 때에는 회의 일시·장소 및 심의 안건을 회의 5일 전까지 각 위원에게 서면으로 통지하여야 한다(영 제21조 제5항).

2. 지적위원회의 심의·의결사항

중앙지적위원회	지방지적위원회
① 지적 관련 정책 개발 및 업무 개선 등에 관한 사항 ② 지적측량기술의 연구·개발 및 보급에 관한 사항 ③ 측량기술자 중 '지적기술자'의 양성에 관한 사항 ④ 지적측량 적부심사에 대한 재심사 ⑤ 지적기술자의 업무정지 처분 및 징계요구에 관한 사항	지적측량에 대한 적부심사 청구사항

2 지적측량의 적부심사 및 적부재심사

1. 지적측량 적부심사 절차

적부심사 청구	토지소유자, 이해관계인 또는 지적측량수행자는 지적측량성과에 대하여 다툼이 있는 경우에는 관할 시·도지사를 거쳐 지방지적위원회에 지적측량 적부심사를 청구할 수 있다(법 제29조 제1항).
청구서 제출	지적측량 적부심사를 청구하려는 자(토지소유자, 이해관계인 또는 지적측량수행자)는 심사청구서에 다음의 구분에 따른 서류를 첨부하여 시·도지사를 거쳐 지방지적위원회에 제출하여야 한다(영 제24조 제1항). ① **토지소유자 또는 이해관계인**: 지적측량을 의뢰하여 발급받은 지적측량성과 ② **지적측량수행자(지적측량수행자 소속 지적기술자가 청구하는 경우만 해당)**: 직접 실시한 지적측량성과
지방지적위원회에 회부	지적측량 적부심사 청구를 받은 시·도지사는 30일 이내에 일정한 사항을 조사하여 지방지적위원회에 회부하여야 한다(법 제29조 제2항).
심의 및 의결	지방지적위원회는 그 심사청구를 회부받은 날부터 60일 이내에 심의·의결하여야 한다. 다만, 부득이한 경우에는 그 심의기간을 해당 지적위원회의 의결을 거쳐 30일 이내에서 한 번만 연장할 수 있다(법 제29조 제3항).
의결서 송부	지방지적위원회는 지적측량 적부심사를 의결한 때에는 위원장과 참석위원 전원이 서명날인한 지적측량 적부심사 의결서를 작성하여 지체 없이 시·도지사에게 송부하여야 한다(법 제29조 제4항, 영 제25조 제1항).
청구인 및 이해관계인에게 통지	① 시·도지사는 의결서를 받은 날부터 7일 이내에 지적측량 적부심사 청구인 및 이해관계인에게 그 의결서를 통지하여야 한다(법 제29조 제5항). ② 시·도지사가 의결서를 통지할 때에는 그 의결서를 받은 날부터 90일 이내에 재심사를 청구할 수 있음을 서면으로 알려야 한다(영 제25조 제2항).

2. 지적측량 적부재심사

재심사 청구	지적측량 적부심사 의결서를 받은 자가 지방지적위원회의 의결에 불복하는 경우에는 그 의결서를 받은 날부터 90일 이내에 국토교통부장관을 거쳐 중앙지적위원회에 재심사를 청구할 수 있다(법 제29조 제6항).
재심사 절차	재심사 청구절차에 관하여는 적부심사 청구절차에 관한 규정을 준용한다. 이 경우 '시·도지사'는 '국토교통부장관'으로, '지방지적위원회'는 '중앙지적위원회'로 본다(법 제29조 제7항).
재심사의결서 송부	중앙지적위원회로부터 재심사의결서를 받은 국토교통부장관은 그 의결서를 관할 시·도지사에게 송부하여야 한다(법 제29조 제8항).

3. 등록사항 정정 및 중복청구 금지

의결서 사본 송부	시·도지사는 지방지적위원회의 의결서를 받은 후 해당 지적측량 적부심사 청구인 및 이해관계인이 재심사 청구를 하지 아니하면 지방지적위원회의 의결서 사본을 지적소관청에 보내야 하며, 재심사 청구를 하여 중앙지적위원회의 의결서를 받은 경우에는 그 의결서 사본에 지방지적위원회의 의결서 사본을 첨부하여 지적소관청에 보내야 한다(법 제29조 제9항).
등록사항 직권정정	지방지적위원회 또는 중앙지적위원회의 의결서 사본을 받은 지적소관청은 그 내용에 따라 지적공부의 등록사항을 직권으로 정정하거나 측량성과를 수정하여야 한다(법 제29조 제10항).
중복청구 금지	지방지적위원회의 의결이 있은 후 그 의결서를 받은 날부터 90일 이내에 재심사를 청구하지 아니하거나 중앙지적위원회의 의결이 있는 경우에는 해당 지적측량 성과에 대하여 다시 지적측량 적부심사 청구를 할 수 없다(법 제29조 제12항).

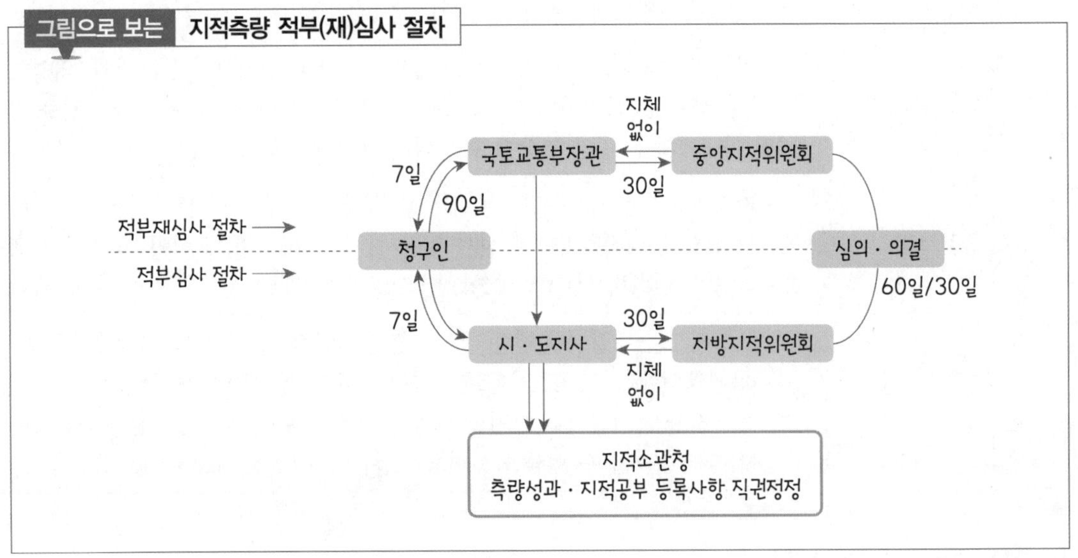

우리는 기회를 기다리는 사람이 되기 전에
기회를 얻을 수 있는 실력을 갖춰야 한다.
일에 더 열중하는 사람이 되어야 한다.

– 안창호

PART

2

부동산 등기법

POINT 01

등기제도 총칙

| 제1절 | 등기할 사항

【표제부】	(○○의 표시)

【갑구】	(소유권에 관한 사항)

【을구】	(소유권 외의 권리에 관한 사항)

1 표제부에 등기할 사항 – 부동산

토지	「도로법」상의 도로나 「하천법」상의 하천과 같이 공용의 제한을 받는 토지를 포함해서 모든 토지는 등기의 대상이 된다.
건물	① 등기되는 '건물'이란 지붕과 주벽을 갖춘 토지의 정착물로서 일정한 용도로 계속 사용되고 쉽게 해체·이동할 수 없는 것을 말한다. ② 건물의 개수: 건물의 개수는 물리적인 구조뿐만 아니라 소유자의 의사를 고려하여 정하므로, 구조상·이용상 독립성이 있어 구분건물의 객관적 요건을 갖췄더라도 반드시 구분건물로 등기를 하여야 하는 것이 아니라 소유자의 의사에 따라 일반건물로 등기할 수도 있다.

등기할 사항인 물건과 등기할 사항이 아닌 물건

등기할 사항인 물건	등기할 사항이 아닌 물건
• 하천 • 「도로법」상의 도로 • 농업용 고정식 온실 • 조적조 및 컨테이너 구조 슬레이트 지붕 건물 • 경량철골조 경량패널지붕 건축물 • 방조제 • 특례법상 일정한 요건을 갖춘 개방형 축사	• 공유수면 및 공유수면하의 토지, 터널, 토굴, 교량 • 가설건축물, 견본주택, 비닐하우스, 주유소 캐노피, 급유탱크 • 경량철골조 혹은 조립식 패널구조의 건축물 • 공작물시설로 등재된 해상관광용 호텔선박·관광용 수상호텔의 선박·폐유조선

2 갑구 · 을구에 등기할 사항 – 권리

31회 · 34회

등기할 수 있는 권리	소유권, 지상권, 지역권, 전세권, 임차권, 저당권, 권리질권, 채권담보권, 환매권
등기할 수 없는 권리	점유권, 유치권, 주위토지통행권, 분묘기지권, 동산질권

3 부동산의 일부와 소유권의 일부

1. 의의

'부동산의 일부'란 토지나 건물의 특정한 부분을 말하고, '소유권의 일부'란 공유지분을 의미한다.

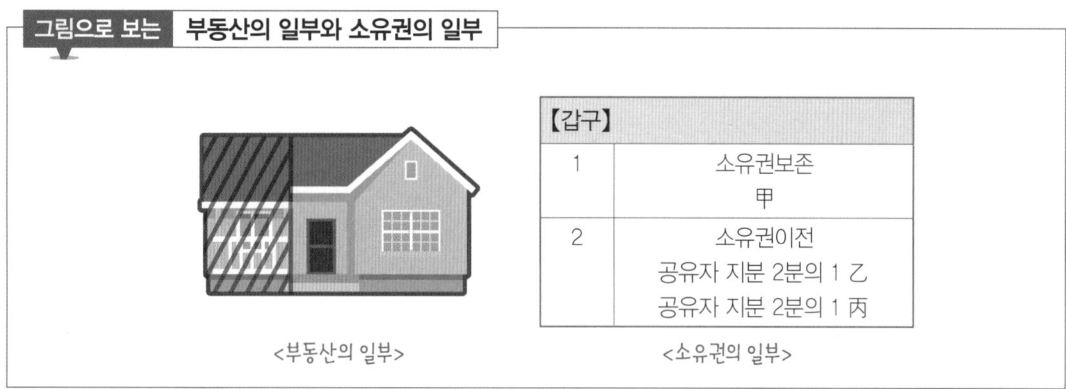

그림으로 보는 부동산의 일부와 소유권의 일부

【갑구】	
1	소유권보존 甲
2	소유권이전 공유자 지분 2분의 1 乙 공유자 지분 2분의 1 丙

<부동산의 일부> <소유권의 일부>

2. 부동산의 일부와 소유권의 일부에 대한 등기 가능 여부

구분	용익권 (지상권, 지역권, 전세권, 임차권)	소유권이전, 저당권설정, 가압류등기, 가처분등기
부동산의 일부	○	×
소유권의 일부=공유지분	×	○

① 토지의 일부에 대한 지상권설정등기는 가능하다. (○)

② 건물의 특정 일부를 목적으로 전세권을 설정할 수 있다. (○)

③ 건물의 특정 일부를 목적으로 분할을 선행하지 않으면 전세권을 설정할 수 없다. (×)

④ 건물의 특정 일부를 목적으로 저당권을 설정할 수 있다. (×)

⑤ 토지의 일부에 대한 소유권이전등기는 허용되지 않는다. (○)

⑥ 소유권의 일부에 대한 이전등기는 허용된다. (○)

⑦ 소유권의 일부에 대한 이전등기를 하기 위해서는 분할을 선행하여야 한다. (×)

⑧ 소유권의 일부를 목적으로 저당권을 설정할 수 있다. (○)

⑨ 공유자 중 1인의 지분을 목적으로 전세권을 설정할 수 있다. (×)

4 권리변동의 유형

보존	① 미등기부동산에 대하여 행하는 최초의 등기를 말한다. ② 보존등기를 하면 등기기록이 개설된다.
설정	① 소유권 외의 권리를 계약으로 새로 창설하는 등기로 전세권설정등기, 근저당권설정등기 등이 있다. ② 설정계약의 당사자를 '○○권설정자, ○○권자'라고 한다.
이전	① 어떤 자에게 속하고 있던 권리가 다른 자에게 옮겨가는 것으로 권리자가 바뀌는 등기를 의미한다. ② 모든 권리는 이전의 대상이 된다(예 소유권이전, 전세권이전 등).
변경	① 권리의 주체를 제외한 권리의 내용에 변동이 생긴 경우에 하는 등기이다. ② 전세권의 존속기간의 연장이나 전세금의 증감, 저당권의 채권액의 증감, 임차권의 차임의 증감 등이 변경등기의 원인이 된다.
처분의 제한	① 소유권 기타의 권리자가 가지는 처분권능을 제한하는 등기를 말한다. ② 압류등기, 가압류등기, 가처분등기, 경매개시결정등기 등이 이에 해당한다. ③ 처분의 제한등기가 있더라도 권리의 처분이 금지되는 것은 아니다.
소멸	어떤 부동산에 대한 권리가 원시적 또는 후발적 사유로 없어지는 것을 말한다.

보존, 설정, 이전, 변경등기

【갑구】	
1	소유권보존 甲
2	소유권이전 매매 乙
3	가압류 5천 戊

【을구】	
1	전세권설정 ~~3억원~~ 丙
1-1	1번 전세권이전 丁
1-2	1번 전세권변경 4억원

1 등기의 유효요건

등기의 존재	등기의 유·무효는 등기의 존재를 전제로 하는데, 등기는 물권변동의 효력발생요건이지만 효력존속요건은 아니므로 유효하게 존재하였던 등기가 부적법하게 말소되더라도 등기가 표상하는 권리는 소멸하지 않는다.
등기와 실체관계의 부합	① 등기가 유효하기 위해서는 등기에 부합하는 실체관계가 존재하여야 한다. ② 등기기록과 실체관계에 다소의 불일치가 있더라도 사회통념상 동일성 내지 유사성이 있으면 그 등기는 유효하다.
위조된 등기의 효력	① 위조된 등기는 등기기록에 기록된 실체관계가 존재하지 않으므로 무효이다. ② 다만, 위조된 서류에 의한 등기라도 실체관계와 부합하는 경우 이를 무효로 하지 않는다. 예를 들어, 위조된 인감증명에 의한 등기라도 실체관계와 부합하면 그 등기는 유효하므로 등기관은 직권으로 이를 말소할 수 없다.

2 권리의 변동과정이 실체관계와 부합하지 아니한 경우 34회

1. 중간생략등기

의의	① 사례 1: 부동산물권이 甲 ⇨ 乙 ⇨ 丙으로 순차적으로 이전되어야 할 경우 중간취득자 乙의 등기를 생략하고 최초의 양도인 甲으로부터 직접 최후의 양수인 丙에게 하는 등기를 중간생략등기라고 한다. ② 사례 2: 상속인이 상속받은 부동산을 처분하는 경우 상속등기를 생략하고 피상속인으로부터 양수인 앞으로 직접 소유권이전등기를 하는 경우도 이에 해당한다.
유효성	① 「부동산등기 특별조치법」의 금지규정을 단속규정으로 해석하여 위반행위에 대하여는 형사처벌하도록 하고 있으나, 이로써 당사자 간의 중간생략등기 합의에 관한 사법상의 효력까지 무효로 한다는 의미는 아니다. ② 전원의 합의 또는 중간취득자의 동의가 없더라도 이미 중간생략등기가 적법한 등기원인에 기하여 성립되어 있는 한 합의가 없었음을 이유로 무효를 주장하여 그 등기의 말소를 청구하지 못한다. 즉, 합의가 없더라도 이미 마쳐진 등기는 유효하다. ③ 다만, 토지거래허가구역 내의 중간생략등기는 설사 최초양도인과 최종양수인 사이에 토지거래허가를 받았더라도 무효이다.

직접청구권	① 당사자 간의 합의가 있는 경우: 최종양수인은 최초양도인에게 직접 자기 명의로의 이전등기를 청구할 수 있다. ② 당사자 간의 합의가 없는 경우: 최종양수인은 직접 이전등기를 청구할 수는 없고, 중간자의 등기청구권을 대위행사하여 중간자 명의의 이전등기를 청구할 수 있을 뿐이다. ③ 토지거래허가구역에서는 전원의 합의가 있더라도 직접청구는 허용되지 않는다.

중간생략등기의 유효성 및 직접청구권

〈유효성〉	
1	소유권보존 甲 ⇨ 乙 ⇨ 丙
2	소유권이전 매매 丙

〈직접청구권〉	
1	소유권보존 甲 ⇨ 乙 ⇨ 丙
2	소유권이전

2. 모두(冒頭)생략등기 등

모두생략등기	① 미등기부동산의 대장상 최초의 소유자로부터 부동산을 이전받은 양수인 명의로 직접 소유권보존등기하는 것을 '모두(冒頭)생략등기'라고 한다. 이는 절차적으로 위법한 등기이지만, 실체관계와 부합하는 한 유효하다. ② 비교: 미등기부동산의 대장상 최초의 소유자로부터 부동산을 이전받은 양수인은 직접 자기 명의로 소유권보존등기를 할 수 없다. 이 경우 최초의 소유자 명의로 보존등기를 마친 다음 양수인 명의로 소유권이전등기를 하여야하므로 양수인명의로 직접 보존등기를 신청하면 등기관은 이를 각하하여야 한다.
실제와 다른 등기원인	① 등기기록의 등기원인이 실제와 상이한 경우에도 현실의 권리관계와 부합하는 한 그 등기는 유효하다. ② 예를 들어, 증여를 매매로 한 소유권이전등기라도 실체관계와 부합하므로 유효하다.

| 제3절 | 등기의 효력

31회·32회·34회

1 물권변동적 효력

의의	부동산에 관한 법률행위로 인한 물권의 득실변경은 등기하여야 그 효력이 있는데(민법 제186조), 이 경우 등기는 종국등기를 의미한다.
효력발생시기	등기관이 등기를 마친 경우 그 등기는 접수한 때부터 효력을 발생한다.

2 순위확정적 효력

의의	① 같은 부동산에 관하여 등기한 권리의 순위는 법률에 다른 규정이 없으면 등기한 순서에 따른다. ② 등기한 순서는 등기기록 중 같은 구(區)에서 한 등기는 순위번호에 따르고, 다른 구에서 한 등기는 접수번호에 따른다.
법률의 규정	① 부기등기의 순위는 주등기의 순위에 따른다. 다만, 같은 주등기에 관한 부기등기 상호간의 순위는 그 등기 순서에 따른다(법 제5조). ② 가등기에 의한 본등기를 한 경우 본등기의 순위는 가등기의 순위에 따른다(법 제91조). ③ 말소회복등기는 종전의 등기와 동일한 순위와 효력을 보유한다. ④ 대지권에 대한 등기로서의 효력이 있는 등기와 대지권의 목적인 토지의 등기기록 중 해당 구에 한 등기의 순서는 접수번호에 따른다(법 제61조 제2항). 암기 대점

부기등기 및 가등기의 순위

【갑구】	
1	소유권보존 甲
2	소유권이전가등기 乙
	소유권이전 乙

【을구】	
1	전세권설정 3억원 ~~丙~~
2	저당권설정 2억원 丁
1-1	1번 전세권이전 戊

3 대항적 효력

의의	등기의 '대항력'이란 등기를 함으로써 그 등기내용에 관하여 당사자 이외의 제3자에게도 주장할 수 있는 효력을 말한다.
예(例)	① 등기신청정보의 임의적 제공사항(예 존속기간, 지료 등) 등은 등기를 하지 않더라도 당사자 사이에 효력이 발생하지만, 등기를 함으로써 당사자 이외의 제3자에게도 그 효력을 주장할 수 있다. 즉, 대항력이 생긴다. ② 채권인 임차권을 등기하면 대항력이 발생한다.

4 추정적 효력

의의	어떤 등기가 있으면 그에 대응하는 실체적 권리관계가 존재하는 것으로 추정되는 효력을 '등기의 추정력'이라 한다.
추정력의 작용	등기의 추정력이 실제로 작용하는 부분은 재판에 있어서 입증책임 문제인데, 등기된 것과 다른 사실을 주장하는 자가 입증책임을 부담한다.
추정력이 인정되는 경우	① **등기된 권리의 적법추정**: 등기된 권리가 등기명의인에게 귀속하는 것으로 추정되고, 그 등기에 의하여 물권변동이 유효하게 성립한 것으로 추정된다. ② **등기절차의 적법추정**: 등기가 있는 경우에는 적법한 절차에 의하여 이루어진 등기라고 추정된다. 등기의 전제조건의 충족(예 토지거래허가, 농지매매에 있어서 농지취득자격증명 등)도 추정된다. ③ **등기원인의 적법추정**: 등기의 추정력은 등기원인에도 미치는 것으로 본다. ④ **인적 범위(권리변동의 당사자 간 추정력 인정 여부)**: 등기의 추정력은 제3자에 대한 관계에서뿐만 아니라, 권리변동의 당사자 사이에도 미친다. 즉, 소유권이전등기가 마쳐진 경우에 그 등기명의인은 제3자에 대하여뿐만 아니라 그 전 소유자에 대하여서도 적법한 등기원인에 의하여 소유권을 취득한 것으로 추정된다.
추정력이 부정되는 경우	① 등기의 추정력은 권리의 등기에 대한 추정이므로 권리등기가 아닌 부동산의 표시등기에는 추정력이 인정되지 않는다. ② 가등기에는 추정력이 인정되지 않으므로, 소유권이전등기청구권보전을 위한 가등기가 있다고 하여 소유권이전등기를 청구할 어떤 법률관계가 있다고 추정되지 않는다. ③ 전 소유자가 사망한 이후에 그 사망자 명의로 신청되어 마쳐진 소유권이전등기는 원인무효의 등기로서 그 등기의 추정력을 인정할 여지가 없으므로 등기의 유효를 주장하는 자가 입증책임을 부담한다. ④ 소유권보존등기의 경우 보존등기명의인의 원시취득에 의한 것이 아닌 사실이 밝혀지면 보존등기의 추정력은 깨어진다. 즉, 소유권보존등기명의인이 보존등기 전의 소유자로부터 소유권을 양수한 것이라고 주장하고 전 소유자는 양도사실을 부인하는 경우 소유권이전등기와는 다르게 그 보존등기의 추정력은 깨어지고 그 보존등기명의인 측에서 양수사실을 입증할 책임이 있다.

5 후등기 저지력

의의	등기가 기록되어 있는 이상, 그 등기의 유효·무효를 막론하고 이를 말소하기 전까지는 이와 양립할 수 없는 등기를 할 수 없게 하는 효력을 말한다.
예(例)	부동산에 전세권등기가 마쳐져 있는 경우 해당 전세권등기가 무효라 하더라도 이를 말소하기 전에는 동일한 범위에 대하여 새로운 전세권설정등기는 허용되지 않는다.

6 점유적 효력

부동산의 점유취득시효의 점유기간이 20년인 데 반하여 등기부취득시효의 점유기간을 10년으로 함으로써 등기가 10년간의 점유에 갈음하는 효과를 갖게 되는데, 이를 등기의 '점유적 효력'이라 한다(민법 제245조).

7 등기의 공신력 불인정

(1) '등기의 공신력'이란 등기를 믿고 거래한 자에 대하여 그 신뢰를 보호해서 등기가 허위·부실의 등기라 하더라도 마치 진실한 권리관계가 존재하는 것과 동일한 효력을 인정하는 것을 말한다. 현행법에서는 등기의 공신력을 인정하지 않는다.

(2) 등기의 추정력과 공신력의 관계

【갑구】	(소유권에 관한 사항)	
순위번호	등기목적	[상황 설명] • 2번 소유권이전등기를 B의 위조로 마쳤다. ➡ 절대적 무효 • B가 진정한 소유자인 것처럼 선의의 C에게 매도하고 소유권이전등기를 마쳤다. • A가 C에게 등기의 말소를 청구하는 경우, 3번 등기에는 추정력이 인정되므로 입증책임을 A가 부담한다. A가 무효임을 입증하면 C는 소유권을 잃게 되는데, 이는 공신력이 없기 때문이다.
1	소유권보존 A	
2	소유권이전 매매 B	
3	소유권이전 매매 C	

석's 출제포인트

추정력이 부정되는 경우

1. 부동산의 표시등기
2. 가등기
3. 사망자 명의로 신청되어 마쳐진 등기
4. 소유권보존등기(원시취득이 아닌 경우)

POINT 02

등기소와 등기부

| 제1절 | 등기소

1 관할 등기소

등기사무는 부동산의 소재지를 관할하는 지방법원, 그 지원 또는 등기소에서 담당한다(법 제7조 제1항).

2 관할의 특례에 따른 등기절차

1. 관련 사건의 관할에 관한 특례

(1) 관할 등기소가 다른 여러 개의 부동산과 관련하여 다음과 같이 등기목적과 등기원인이 동일한 등기신청이 있는 경우에는 그중 하나의 관할 등기소에서 해당 신청에 따른 등기사무를 담당할 수 있다(법 제7조의2 제1항, 규칙 제163조 제1항).

① 동일한 채권에 관하여 여러 개의 부동산에 관한 권리를 목적으로 하는 저당권설정(=공동저당)등기의 신청

② 여러 개의 부동산에 관한 전세권설정(=공동전세)등기 또는 전전세 등기의 신청

③ 공동저당 및 공동전세 및 전전세 등기에 대한 이전·변경·말소등기의 신청

④ 그 밖에 동일한 등기원인을 증명하는 정보에 따라 등기목적과 등기원인이 동일한 등기의 신청

(2) 관할 등기소가 다른 여러 개의 부동산과 관련하여 대법원규칙으로 정한 다음과 같은 등기신청이 있는 경우에는 그중 하나의 관할 등기소에서 해당 신청에 따른 등기사무를 담당할 수 있다(법 제7조의2 제1항, 규칙 제163조 제2항).

① 소유자가 다른 여러 부동산에 대한 공동저당, 공동전세, 전전세 등기의 신청

② 소유자가 다른 여러 부동산에 대한 공동저당, 공동전세, 전전세 등기에 대한 이전·변경·말소등기의 신청

③ 공동저당 목적으로 새로 추가되는 부동산이 종전에 등기한 부동산과 다른 등기소의 관할에 속하는 경우에는 종전의 등기소에 추가되는 부동산에 대한 저당권설정등기의 신청

(3) 공동저당 일부의 소멸 또는 변경의 신청은 소멸 또는 변경되는 부동산의 관할 등기소 중 한 곳에 신청할 수 있다(규칙 제163조 제3항).

(4) 등기관이 당사자의 신청이나 직권에 의한 등기를 하고 요역지지역권, 공동저당, 공동전세 등기 또는 대법원규칙으로 정하는 바에 따라 다른 부동산에 대하여 등기를 하여야 하는 경우에는 그 부동산의 관할 등기소가 다른 때에도 해당 등기를 할 수 있다(법 제7조의2 제2항).

2. 관련 신청사건의 신청정보 제공 방법 등

① 관련 사건의 관할에 관한 특례에 따라 등기신청을 하는 경우에는 이를 신청정보의 내용으로 등기소에 제공하여야 한다(규칙 제163조의2 제1항).

② 관련 사건의 관할에 관한 특례에 따라 등기신청을 할 때에는 여러 개의 부동산에 관한 신청정보를 일괄하여 제공하는 방법으로 할 수 있다(규칙 제163조의2 제2항).

③ 관련 사건의 관할에 관한 특례에 따라 공동저당의 등기를 신청하는 경우에는 해당 부동산 전부에 관한 사항을 신청정보의 내용으로 등기소에 제공하여야 한다(규칙 제163조의2 제3항).

3. 관련 사건이라는 뜻의 기록

등기관이 관련 사건의 관할에 관한 특례에 따라 등기를 한 경우에는 갑구 또는 을구의 권리자 및 기타사항란에 관련 사건의 관할에 관한 특례에 따라 사건을 접수받은 등기소에서 그 등기를 하였다는 뜻을 기록하여야 한다(규칙 제163조의4 제1항). 다만, 해당 등기를 한 등기소의 관할에 속한 부동산에 대해서는 그 뜻을 기록하지 않는다(규칙 제163조의4 제2항).

4. 관련 사건의 보정 및 취하

관련 사건의 관할에 관한 특례에 따라 등기신청을 한 경우 등기신청이 잘못된 부분의 보정이나 취하는 등기를 신청한 등기소에 하여야 한다(규칙 제163조의5).

5. 관련 사건에 관한 등기의 경정

① 관련 사건의 관할에 관한 특례에 따라 마쳐진 등기에 대한 경정등기의 신청은 그 등기를 처리한 등기소에 하여야 한다(규칙 제163조의6 제1항).

② 등기의 착오나 빠진 부분이 관련 사건의 관할에 관한 특례에 따라 등기를 마친 등기관의 잘못으로 인한 경우에는 그 등기소의 등기관이 직권으로 그 등기를 경정하여야 한다(규칙 제163조의6 제2항). 다만, 등기기록에 오기나 빠진 부분이 명백한 경우에는 부동산 소재지 관할 등기소의 등기관도 직권으로 경정할 수 있다(규칙 제163조의6 제3항).

6. 상속 또는 유증 사건의 관할에 관한 특례

상속 또는 유증으로 인한 등기신청의 경우에는 부동산의 관할 등기소가 아닌 등기소도 그 신청에 따른 등기사무를 담당할 수 있다(법 제7조의3 제1항). 구체적으로 다음과 같다(규칙 제164조 제1항).

① 상속 또는 유증으로 인한 소유권이전등기를 신청하는 경우

② 법정상속분에 따라 상속등기(=소유권이전등기)를 마친 후에 상속재산 협의분할(조정분할·심판분할을 포함한다) 등이 있는 경우

③ 상속재산 협의분할에 따라 상속등기(=소유권이전등기)를 마친 후에 그 협의를 해제(다시 새로운 협의분할을 한 경우를 포함한다)한 경우

④ 상속포기신고를 수리하는 심판 또는 상속재산 협의분할계약을 취소하는 재판 등이 있는 경우

| 제2절 | 등기부

1 의의 및 종류

의의	① '등기부'란 전산정보처리조직에 의하여 입력·처리된 등기정보자료를 대법원규칙으로 정하는 바에 따라 편성한 것을 말한다(법 제2조 제1호). ② '등기기록'이란 1필의 토지 또는 1개의 건물에 관한 등기정보자료를 말한다(법 제2조 제3호).
종류	등기부는 토지등기부와 건물등기부로 구분한다(법 제14조 제1항).

2 등기부의 편성(물적편성주의) 및 등기기록의 구성 31회

1. 등기부의 편성

1부동산 1등기기록 원칙	① 등기부를 편성할 때에는 1필의 토지 또는 1개의 건물에 대하여 1개의 등기기록을 둔다(법 제15조 제1항). ② 등기기록에는 표제부와 갑구 및 을구를 둔다(법 제15조 제2항).
예외	① 1동의 건물을 구분한 건물에 있어서는 1동의 건물에 속하는 전부에 대하여 1개의 등기기록을 사용한다(법 제15조 제1항 단서). ② 여기서 1개의 등기기록은 1동의 건물에 대한 표제부를 두고 전유부분마다 표제부, 갑구, 을구를 둔다. ③ 구분건물에 대한 등기사항증명서의 발급이나 열람에 관하여는 1동의 건물의 표제부와 해당 전유부분에 관한 등기기록을 1개의 등기기록으로 본다.
부동산 고유번호	① 등기기록을 개설할 때에는 1필의 토지 또는 1개의 건물마다 부동산고유번호를 부여하고 이를 등기기록에 기록하여야 한다. ② 구분건물에 대하여는 전유부분마다 부동산고유번호를 부여한다.

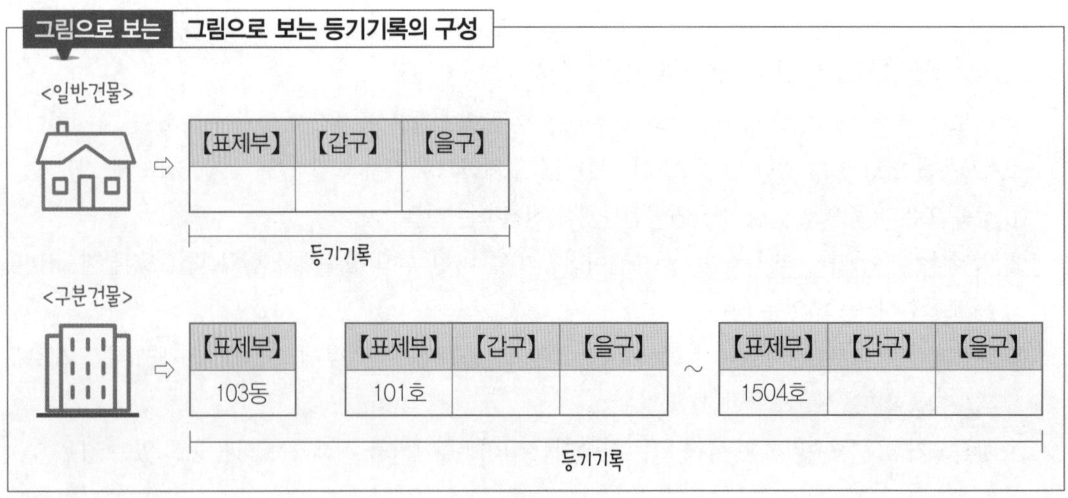

2. 등기기록의 구성

표제부	① 표제부에는 부동산의 표시에 관한 사항을 기록한다. ② **토지의 표시**: 소재, 지번, 지목, 면적 ③ **건물의 표시**: 소재, 지번, 구조, 종류, 면적, 건물명칭 및 건물번호 등 ④ **1동 건물의 표제부**: 표시번호, 1동 건물의 소재·지번, 건물명칭, 건물번호, 건물내역(구조, 종류, 면적)을 기록한다. ⑤ **전유부분 건물의 표제부**: 표시번호, 건물번호, 건물내역(구조·면적)을 기록한다. ➕ 소재, 지번, 건물명칭은 기록하지 않는다.
갑구	소유권에 관한 사항(예 소유권보존·이전·변경·말소, 소유권에 관한 가압류·가처분·가등기 등)을 기록한다.
을구	소유권 외의 권리에 관한 사항(예 지상권, 지역권, 전세권, 저당권, 권리질권, 채권담보권, 임차권의 설정·이전·변경·말소, 이러한 권리에 관한 가압류·가처분·가등기 등)을 기록한다.

일반건물 등기기록

고유번호 1146-2012-090186

【표제부】		(건물의 표시)		
표시번호	접수	소재지번, 건물명칭 및 건물번호	건물내역	등기원인 및 기타사항
1	2012년 2월 9일	경기도 의왕시 청계동 98 (도로명주소) 경기도 의왕시 덕장로 22	벽돌조 슬래브지붕 단층주택 125m² 지하실 34m²	도면의 번호 제124호

【갑구】		(소유권에 관한 사항)		
순위번호	등기목적	접수	등기원인	권리자 및 기타사항
1	소유권보존	2012년 2월 9일 제12192호		소유자 홍정이 700802-1****** 경기도 의왕시 덕장로 22
2	소유권이전	2017년 8월 13일 제65617호	2017년 8월 10일 매매	소유자 김미래 750215-2****** 서울특별시 강남구 개포로 605 매매목록 제2017-120호

【을구】		(소유권 외의 권리에 관한 사항)		
순위번호	등기목적	접수	등기원인	권리자 및 기타사항
1	근저당권설정	2019년 9월 12일 제65618호	2019년 9월 11일 설정계약	채권최고액 금 250,000,000원 채무자 김미래 서울특별시 강남구 개포로 605 근저당권자 주식회사 국민은행 110111-0123123 서울 중구 을지로2가 181 (개포동 지점) 공동담보 경기도 의왕시 청계동 98 토지

3 구분건물에 관한 등기

31회 · 34회

1. 구분건물 성립요건

① 객관적 요건: 구분건물이 되기 위해서는 구조상 독립성과 이용상 독립성이 있어야 한다.

② 주관적 요건: 구분건물로 등기하려는 소유자의 의사가 있어야 한다.

③ 구분건물로서 객관적 요건을 갖추고 있더라도 반드시 구분건물로 등기를 하여야 하는 것은 아니다. 소유자의 의사에 따라 일반건물로 등기를 할 수 있다.

2. 전유부분과 공용부분의 일체성

공용부분의 구성 및 성질	① 공용부분은 구조상 공용부분(예 복도나 계단 등)과 규약상 공용부분(예 관리사무소나 노인정 등)으로 구성된다. ② 공용부분은 전유부분의 처분에 따르므로 독립하여 거래의 목적이 될 수 없다. 즉, 전유부분에 등기를 하면 별도의 등기가 없더라도 그 효력은 공용부분까지 미친다.
규약상 공용부분등기	등기관이 규약상 공용부분의 등기를 할 때에는 등기기록의 표제부에는 공용부분이라는 뜻을 기록하고, 각 구의 소유권과 그 밖의 권리에 관한 등기를 말소하는 표시를 하여야 한다(규칙 제104조 제3항).
규약 폐지	① 규약상 공용부분에 대하여 공용부분이라는 뜻을 정한 규약을 폐지한 경우 공용부분의 취득자는 지체 없이 소유권보존등기를 신청하여야 한다(법 제47조 제2항). ② 등기관이 공용부분 취득자의 신청에 따라 소유권보존등기를 하였을 때에는 공용부분이라는 뜻의 등기를 말소하는 표시를 하여야 한다(규칙 제104조 제5항).

3. 대지권에 관한 등기

(1) 대지사용권 및 대지권의 의의

대지사용권	① '대지사용권'이란 구분건물의 소유자가 건물의 전유부분을 소유하기 위하여 건물의 대지에 대하여 가지는 권리를 말한다. ② 대지사용권(대지권)은 소유권이 대부분이지만 지상권·전세권·임차권이 될 수도 있다. (→ 지역권(×))
대지권	'대지권'이란 전유부분과 분리하여 처분할 수 없는 대지사용권을 말한다.

대지권의 이해

① 대지권이 등기되면 전유부분과 토지를 합하여 1개의 부동산으로 생각한다.
② 903호 건물을 부동산의 일부라고 생각한다.
③ 대지권의 목적인 토지를 부동산의 일부라고 생각한다.

(2) 대지권등기 및 대지권등기의 효력

대지권의 목적인 토지의 표시 암기 대목토	① 1동 건물의 등기기록의 표제부에 기록한다. ② 대지권의 목적인 토지의 일련번호, 소재지번, 지목, 면적과 등기연월일을 기록한다.
대지권의 표시 암기 대표	① 전유부분 건물의 등기기록의 표제부에 기록한다. ② 대지권의 목적인 토지의 일련번호, 대지권의 종류, 대지권의 비율, 등기원인 및 그 연월일과 등기연월일을 기록한다.
대지권이라는 뜻의 등기 암기 대뜻	① 등기관이 건물의 등기기록에 대지권등기를 하였을 때에는 직권으로 대지권의 목적인 토지의 등기기록에 소유권, 지상권, 전세권 또는 임차권이 대지권이라는 뜻을 기록하여야 한다(법 제40조 제4항). ② 등기관은 대지권의 목적인 토지의 등기기록에 대지권이라는 뜻의 등기를 할 때에는 해당 구에 어느 권리가 대지권이라는 뜻을 기록하여야 한다(규칙 제89조 제1항).
대지권등기의 효력	대지권을 등기한 후에 한 건물의 권리에 관한 등기는 대지권에 대하여 동일한 등기로서 효력이 있다. 다만, 그 등기에 건물만에 관한 것이라는 뜻의 부기가 되어 있을 때에는 그러하지 아니하다(법 제61조 제1항).

(3) 대지권등기 후 분리처분등기의 금지

구분	내용
구분건물의 등기기록	① 대지권이 등기된 구분건물의 등기기록에는 건물만을 목적으로 하는 전세권, 임차권 등의 용익권등기는 가능하다. ② 대지권이 등기된 구분건물의 등기기록에는 건물만에 관한 소유권이전등기 또는 저당권설정등기, 가압류 등의 등기를 할 수 없다(법 제61조 제3항). ➕ 집합건물에 있어서 특정 전유부분의 대지권에 대하여는 전세권이나 저당권 등 어떤 권리도 등기할 수 없다.
토지의 등기기록	① 토지의 소유권이 대지권인 경우에 대지권이라는 뜻의 등기가 되어 있는 토지의 등기기록에는 지상권, 지역권, 전세권, 임차권 등의 용익권등기는 가능하다. ② 토지의 소유권이 대지권인 경우에 대지권이라는 뜻의 등기가 되어 있는 토지의 등기기록에는 소유권이전등기, 저당권설정등기, 가압류 등의 등기는 할 수 없다(법 제61조 제4항).
허용(○)	① 대지권이 등기된 구분건물의 등기기록에는 건물만을 목적으로 하는 임차권설정등기를 할 수 있다. ② 대지권이 등기된 구분건물의 등기기록에는 건물만을 목적으로 하는 전세권설정등기를 할 수 있다. ③ 대지권이라는 뜻의 등기가 되어 있는 토지의 등기기록에는 임차권설정등기를 할 수 있다. ④ 대지권이라는 뜻의 등기가 되어 있는 토지의 등기기록에는 전세권설정등기를 할 수 있다.
허용(×)	① 대지권이 등기된 구분건물의 등기기록에는 건물만에 관한 소유권이전등기를 할 수 없다. ② 대지권이 등기된 구분건물의 등기기록에는 건물만에 관한 저당권설정등기를 할 수 없다. ③ 토지의 소유권이 대지권인 경우에 대지권이라는 뜻의 등기가 되어 있는 토지의 등기기록에는 소유권이전등기를 할 수 없다. ④ 토지의 소유권이 대지권인 경우에 대지권이라는 뜻의 등기가 되어 있는 토지의 등기기록에는 저당권설정등기를 할 수 없다. ⑤ 집합건물에 있어서 특정 전유부분의 대지권에 대하여는 전세권설정등기를 할 수 없다.

등기사항전부증명서의 예

등기사항전부증명서(현재 유효사항) – 집합건물

[집합건물] 인천광역시 연수구 송도동 23-45 송도그린아파트 103동 제9층 903호 　　　　고유번호 1201-2006-001686

【표제부】 (1동의 건물의 표시)

표시번호	접수	소재지번, 건물명칭 및 건물번호	건물내역	등기원인 및 기타사항
1	2006년 6월 8일	인천광역시 연수구 송도동 23-45 송도그린아파트 제103동	철근콘크리트조 철근콘크리트 지붕 20층 아파트 1층 324.57m² 2층 307.58m² 3층 307.58m² 4층 307.58m² 5층 307.58m² 6층 307.58m² 7층 307.58m² 8층 307.58m² 9층 307.58m² 10층 307.58m² 11층 307.58m² 12층 307.58m² 13층 307.58m² 14층 307.58m² 15층 307.58m² 16층 307.58m² 17층 307.58m² 18층 307.58m² 19층 307.58m² 20층 307.58m²	도면편철장 2책 248면

(대지권의 목적인 토지의 표시)

표시번호	소재지번	지목	면적	등기원인 및 기타사항
1	1. 인천광역시 연수구 송도동 23-45	대	57654.6m²	2006년 6월 8일

【표제부】 (전유부분의 건물의 표시)

표시번호	접수	건물번호	건물내역	등기원인 및 기타사항
1	2006년 6월 8일	제9층 903호	철근콘크리트조 123.1909m²	도면편철장 2책 248면

(대지권의 표시)

표시번호	대지권종류	대지권비율	등기원인 및 기타사항
1	1 소유권대지권	57654.6분의 96.5522	2006년 6월 8일 대지권 2006년 6월 8일
2			~~별도등기 있음~~ ~~1토지(갑구 2-1번 금지사항부기등기)~~ ~~2006년 6월 8일~~
3			2번 별도등기 말소 2006년 7월 7일

【갑구】		(소유권에 관한 사항)		
순위번호	등기목적	접수	등기원인	권리자 및 기타사항
2	소유권이전	2006년 7월 7일 제66347호	2003년 12월 10일 매매	소유자 김희정 520928-2****** 인천광역시 남동구 함박뫼로 123, 111동 202호(논현동, 논현주공아파트)
5	임의경매 개시결정	2012년 7월 19일 제62363호	2012년 7월 19일 인천지방법원의 임의경매개시결정 (2012타경56605)	채권자 주식회사 우리은행 110111-0****** 서울 중구 회현동1가 203 (여신관리부)

【을구】		(소유권 외의 권리에 관한 사항)		
순위번호	등기목적	접수	등기원인	권리자 및 기타사항
1	근저당권 설정	2006년 7월 7일 제66348호	2006년 7월 7일 설정계약	채권최고액 금 454,800,000원 채무자 김희정 인천광역시 남동구 함박뫼로 123, 111동 202호 근저당권자 주식회사 우리은행 110111-0****** 서울 중구 회현동1가 203 (구월1동지점)
6	전세권설정	2012년 1월 11일 제2724호	2011년 8월 9일 설정계약	전세금 금 210,000,000원 범위 위 건물의 전부 존속기간 2011년 8월 9일부터 2012년 2월 9일까지 전세권자 삼성물산주식회사 110111-0****** 서울특별시 서초구 서초동 1321-20
6-1				6번 등기는 건물만에 관한 것임 2012년 1월 11일 부기

등기사항전부증명서(말소사항 포함) - 토지 [제출용]

[토지] 인천광역시 연수구 송도동 23-45 고유번호 1246-2001-007947

【표제부】	(토지의 표시)				
표시번호	접수	소재지번	지목	면적	등기원인 및 기타사항
~~1~~	~~2001년 11월 5일~~	~~인천광역시 연수구 동춘동 991-25~~	~~대~~	~~57654.6m²~~	~~분할로 인하여 인천광역시 연수구 동춘동 991에서 이기~~
2		인천광역시 연수구 송도동 23-45	대	57654.6m²	2006년 3월 6일 행정구역 및 지번변경 2006년 3월 8일 등기

【갑구】	(소유권에 관한 사항)			
순위번호	등기목적	접수	등기원인	권리자 및 기타사항
1 (전 1)	소유권보존	2000년 2월 21일 제14409호		소유자 인천광역시 분할로 인하여 순위 제1번을 인천광역시 연수구 동춘동 991에서 전사 접수 2001년 11월 5일 제132913호
2	소유권이전	2004년 2월 18일 제13122호	2002년 4월 19일 매매	소유자 주식회사 한진중공업 110111-0****** 부산 영도구 봉래동 5가 29
~~2-1~~	~~금지사항~~			~~이 토지는 주택법에 따라 입주자를 모집한 토지로서 입주예정자의 동의를 얻지 아니하고는 당해 토지에 대하여 양도 또는 제한 물권을 설정하거나 압류, 가압류, 가처분 등 소유권에 제한을 가하는 일체의 행위를 할 수 없음~~ ~~2004년 2월 18일 부기~~
3	소유권대지권 → 대지권이라는 뜻의 등기			건물의 표시 인천광역시 연수구 송도동 23-45 송도그린아파트 제101동 인천광역시 연수구 송도동 23-45 송도그린아파트 제102동 인천광역시 연수구 송도동 23-45 송도그린아파트 제114동 인천광역시 연수구 송도동 23-45 송도그린아파트 제상가동 인천광역시 연수구 송도동 23-45 2006년 6월 8일 등기
4	2-1번 금지사항등기말소	2009년 1월 29일 제6408호	2006년 5월 12일 사용검사	

4 등기부 등의 보존 · 관리 및 열람 · 발급

32회 · 33회

1. 등기부 등의 보존 및 관리

등기부부본 자료 작성	등기관이 등기를 마쳤을 때에는 등기부부본자료를 작성하여야 한다.
신탁원부 등의 보존	① 신탁원부, 공동담보(전세)목록, 도면 및 매매목록은 보조기억장치에 저장하여 보존하여야 한다. ② 신탁원부 등의 보존기간 **영구 보존**: 등기기록, 폐쇄등기기록, 신탁원부, 공동담보(전세)목록, 도면, 매매목록 등 **5년 보존**: 신청정보, 첨부정보, 취하정보

2. 등기부 등의 이동 허용 여부

구분	전쟁 · 천재지변 등의 사태를 피하기 위한 경우	법원의 명령 또는 촉탁이 있는 경우	법관이 발부한 영장에 의한 압수
등기부 및 그 부속서류	○	×	×
신청서 그 밖의 부속서류(예 계약서)	○	○	○

3. 등기사항의 열람과 증명서 발급

등기사항의 발급과 열람의 대상	① 누구든지 수수료를 내고 대법원규칙으로 정하는 바에 따라 등기기록에 기록되어 있는 사항의 전부 또는 일부의 열람과 이를 증명하는 등기사항증명서의 발급을 청구할 수 있다(법 제19조 제1항 본문). ② 신탁원부, 공동담보(전세)목록, 도면 또는 매매목록은 그 사항의 증명도 함께 신청하는 뜻의 표시가 있는 경우에만 등기사항증명서에 이를 포함하여 발급한다(규칙 제30조 제2항). ③ 다만, 등기기록의 부속서류(예 신청서, 계약서)에 대하여는 등기사항증명서의 발급을 신청할 수 없고 이해관계 있는 부분만 열람을 청구할 수 있을 뿐이다(법 제19조 제1항 단서).

등기사항증명서의 발급	① 등기소를 방문하여 등기사항증명서를 발급받고자 하는 사람은 신청서를 제출하여야 한다(규칙 제26조 제1항). 이 경우 발급 청구는 관할 등기소가 아닌 등기소에 대하여도 할 수 있다(법 제19조 제2항). ② 등기사항증명서를 발급할 때에는 등기사항증명서의 종류를 명시하고, 등기기록의 내용과 다름이 없음을 증명하는 내용의 증명문을 기록하여야 한다(규칙 제30조 제1항). ③ 구분건물에 대한 등기사항증명서의 발급에 관하여는 1동의 건물의 표제부와 해당 전유부분에 관한 등기기록을 1개의 등기기록으로 본다(규칙 제30조 제3항). ④ 등기신청이 접수된 부동산에 관하여는 등기관이 그 등기를 마칠 때까지 등기사항증명서를 발급하지 못한다. 다만, 그 부동산에 등기신청사건이 접수되어 처리 중에 있다는 뜻을 등기사항증명서에 표시하여 발급할 수 있다(규칙 제30조 제4항).
등기사항증명서의 종류	등기사항증명서의 종류는 다음과 같다. 다만, 폐쇄한 등기기록에 대하여는 다음의 ①로 한정한다(규칙 제29조). ① 등기사항 전부증명서(말소사항을 포함) ② 등기사항 전부증명서(현재 유효사항) ③ 등기사항 일부증명서(특정인 지분) ④ 등기사항 일부증명서(현재 소유현황) ⑤ 등기사항 일부증명서(지분취득 이력)
인터넷에 의한 등기사항증명 등	① 등기사항증명서의 발급 또는 등기기록의 열람업무는 법원행정처장이 정하는 바에 따라 인터넷을 이용하여 처리할 수 있다. ② 신청서나 그 밖의 부속서류의 열람업무는 법원행정처장이 정하는 바에 따라 인터넷을 이용하여 처리할 수 있다. ③ 신청서나 그 밖의 부속서류의 열람신청은 해당 등기신청의 당사자와 열람을 위임받은 자격자대리인이 할 수 있다.
등기기록 등의 열람	등기소를 방문하여 등기기록을 열람하고자 하는 사람은 신청서를 제출하여야 한다(규칙 제26조 제1항). 이 경우 열람 청구는 관할 등기소가 아닌 등기소에 대하여도 할 수 있다(법 제19조 제2항).
폐쇄등기기록의 열람과 발급	등기기록에 대한 등기사항의 열람 및 등기사항증명서 발급에 관한 규정은 폐쇄한 등기기록에 준용한다(법 제20조 제3항).

열람과 증명서 발급 정리

구분	열람	발급
등기기록 및 신탁원부 등	누구든지(○)	누구든지(○)
등기기록의 부속서류(예 계약서)	이해관계 있는 부분	×

POINT 03

등기절차 총론

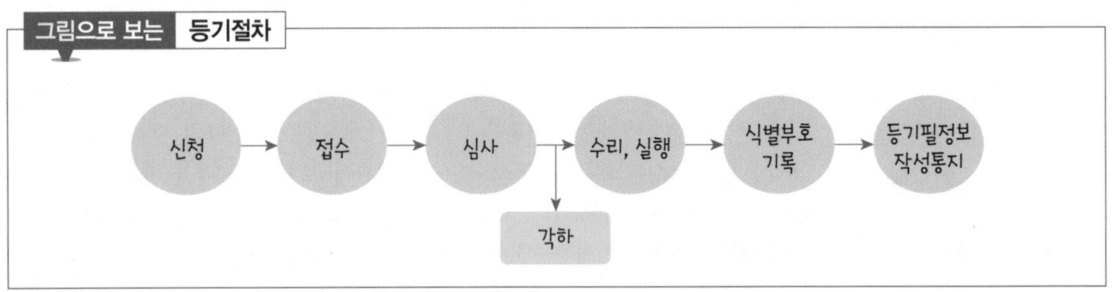

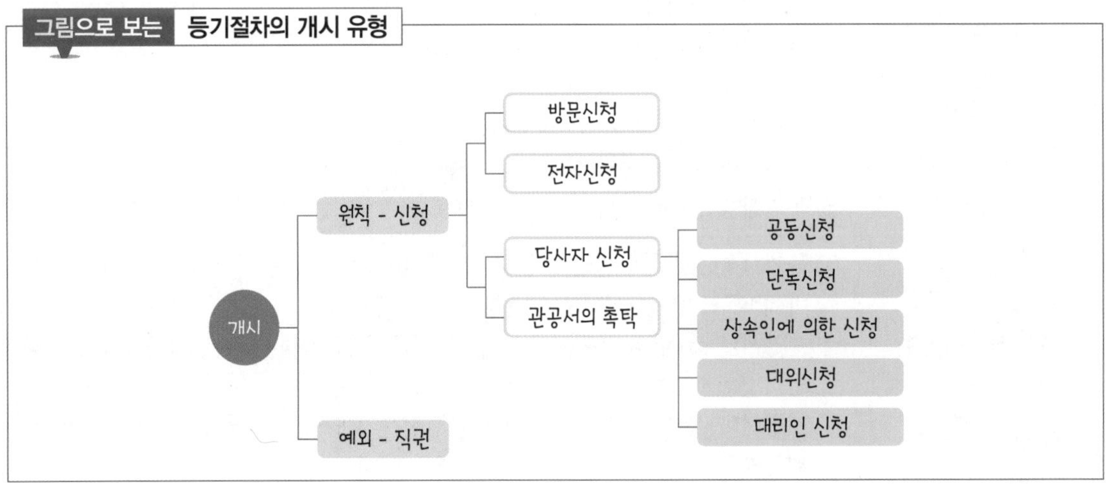

등기절차 개시의 모습

1 신청등기

31회 · 32회 · 35회

1. 신청주의 원칙

등기는 당사자의 신청 또는 관공서의 촉탁에 따라 한다. 다만, 법률에 다른 규정이 있는 경우에는 등기관의 직권으로 등기를 할 수 있다.

2. 당사자의 신청

등기신청은 사적자치의 원칙상 강제하지 않는 것이 원칙이지만 일정한 경우 신청의무가 있다.

구분	내용
표제부등기 (1개월)	토지의 표시나 건물의 표시에 변경이 있는 경우(분할, 합병, 지목변경, 멸실 등)에는 그 소유권의 등기명의인은 그 사실이 있는 때부터 1개월 이내에 그 등기를 신청하여야 한다. ➡ 위반 시 과태료는 없다.
지체 없이	① 존재하지 아니하는 건물에 대한 등기가 있는 때에는 지체 없이 멸실등기를 신청하여야 한다. ② 규약상 공용부분에 대하여 공용부분이라는 뜻을 정한 규약을 폐지한 경우 공용부분의 취득자는 지체 없이 소유권보존등기를 신청하여야 한다.
소유권등기 (60일)	① 소유권보존등기 신청의무 ➡ 위반 시 과태료가 부과된다. ㉠ 미등기부동산의 소유자가 소유권을 이전하지 않는 경우에는 신청의무가 없지만 이전계약(매매, 증여계약)을 체결하면 신청의무가 발생한다. ㉡ 이전계약을 체결하기 전에 보존등기를 신청할 수 있는 경우: 계약체결일부터 60일 이내에 보존등기를 신청하여야 한다.
	② 소유권이전등기 신청의무 ➡ 위반 시 과태료가 부과된다. ㉠ 계약의 당사자가 서로 대가적인 채무를 부담하는 경우(예 매매): 반대급부의 이행이 완료된 날(= 잔금지급일)부터 60일 이내에 소유권이전등기를 신청하여야 한다. ㉡ 계약의 당사자 일방만이 채무를 부담하는 경우(예 증여): 계약의 효력이 발생한 날부터 60일 이내에 소유권이전등기를 신청하여야 한다.

3. 관공서의 촉탁등기

구분	내용
의의 및 성질	① '촉탁등기'란 관공서가 신청하는 등기를 말한다. ② 촉탁등기는 그 실질이 신청이므로 촉탁에 따른 등기절차는 법률에 규정이 없는 경우에는 신청에 따른 등기에 관한 규정을 준용한다.
법원의 촉탁등기	① 처분제한의 등기(가압류등기, 가처분등기) ② 경매개시결정등기 및 매각에 의한 매수인(경락인) 명의의 소유권이전등기 등 암기 경촉 ③ 임차권등기명령에 의한 주택임차권등기
공매처분으로 인한 등기	관공서가 공매처분을 한 경우에 등기권리자의 청구를 받으면 지체 없이 다음의 등기를 등기소에 촉탁하여야 한다(법 제97조). ① 공매처분으로 인한 권리이전의 등기 ② 공매처분으로 인하여 소멸한 권리등기의 말소등기 ③ 체납처분에 관한 압류등기 및 공매공고등기의 말소등기
거래의 주체로서 촉탁	① 국가 또는 지방자치단체가 등기권리자인 경우에는 국가 또는 지방자치단체는 등기의무자의 승낙을 받아 해당 등기를 지체 없이 등기소에 촉탁하여야 한다. ② 국가 또는 지방자치단체가 등기의무자인 경우에는 국가 또는 지방자치단체는 등기권리자의 청구에 따라 지체 없이 해당 등기를 등기소에 촉탁하여야 한다. 【갑구】 1 소유권보존 甲 ― 서울시 (등기의무자, 승낙) 2 소유권이전 【갑구】 2 소유권이전 서울시 ― 乙 (등기권리자, 청구) 3 소유권이전
촉탁등기의 특징	① 우편촉탁 가능 ② 관공서가 거래의 주체인 경우 공동신청 가능 ⊕ **[비교] 공권력의 주체** 관공서 또는 법원의 촉탁으로 실행되어야 할 등기를 신청한 경우 그 등기신청은 각하된다(예 가압류등기, 매각처분으로 인한 소유권이전등기 등은 법원의 촉탁으로 실행하는 등기로 채권자나 매수인이 신청하면 각하된다). ③ 관공서가 등기권리자 또는 등기의무자로 촉탁하는 경우 등기필정보의 제공 불요 ④ 등기기록과 대장의 부동산의 표시가 부합하지 않더라도 그 등기촉탁을 수리하여야 한다.

2 등기관의 직권등기

등기관의 직권에 의한 등기는 법률에 근거 규정이 있는 경우에만 할 수 있다.

소유권 보존등기

① 미등기부동산에 대하여 법원의 처분제한등기(예 가압류, 가처분, 경매개시결정등기)의 촉탁이 있는 경우 등기관은 직권으로 소유권보존등기를 하고 위의 처분제한등기를 한다(법 제66조 제1항).

② 미등기부동산에 대한 임차권등기명령에 의한 주택(상가)에 대한 임차권등기촉탁을 한 경우 등기관은 직권으로 소유권보존등기를 하고 주택이나 상가건물의 임차권등기를 하여야 한다.

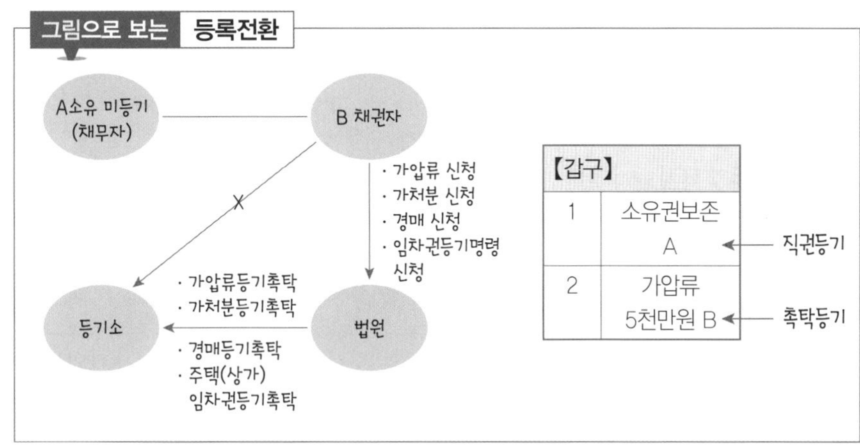

변경등기, 경정등기

① 행정구역 또는 그 명칭이 변경된 경우에 등기관은 직권으로 부동산의 표시변경등기 또는 등기명의인의 주소변경등기를 할 수 있다(규칙 제54조).

【표제부】		【갑구】	【을구】
~~1~~	~~서울특별시 강남구 서초동 12 대, 350m²~~	소유권보존 甲, 주민등록번호, 주소	
2	서울특별시 서초구 서초동 12대, 350.5m²		

② 등기관이 소유권이전등기를 할 때에 등기명의인의 주소변경으로 신청정보상의 등기의무자의 표시가 등기기록과 일치하지 아니하는 경우에는 직권으로 등기명의인의 표시변경등기를 하여야 한다(규칙 제122조).

③ 등기관이 등기의 착오나 빠진 부분이 등기관의 잘못으로 인한 것임을 발견한 경우에는 지체 없이 그 등기를 직권으로 경정하여야 한다(법 제32조 제2항).

【갑구】	
1	소유권보존 A ○○동
1-1	1번 등기명의인 표시변경 ○○동
2	소유권이전 B

말소등기	① 법 제29조 제1호(관할 위반의 등기)와 제2호(사건이 등기할 것이 아닌 경우)를 위반하여 등기한 경우 등기관은 일정한 절차를 거쳐 직권으로 말소한다(법 제58조 제1항). ② 수용으로 인한 소유권이전등기 시 소유권 또는 소유권 외의 권리의 등기는 직권으로 말소한다. 다만, 그 부동산을 위하여 존재하는 지역권등기는 말소하지 않는다(법 제99조 제4항). ③ 환매권행사로 권리취득등기를 한 때에는 환매특약등기를 직권으로 말소한다(규칙 제114조 제1항). ④ 등기의 말소를 신청하는 경우에 그 말소에 대하여 등기상 이해관계 있는 제3자의 승낙이 있는 경우 그 제3자 명의의 등기는 등기관이 직권으로 말소한다(법 제57조 제2항). ⑤ 가등기에 기한 본등기를 하는 경우 본등기와 양립할 수 없는 제3자의 중간처분의 등기는 등기관이 직권으로 말소한다(규칙 제147조 제1항).

| 제2절 | 등기의 신청

1 등기신청적격

31회 · 32회 · 34회

의의	등기신청적격이란 등기신청의 당사자(등기권리자 및 등기의무자)가 될 수 있는 자격, 즉 등기명의인이 될 수 있는 자격을 말한다.
자연인	① 자연인 중 제한능력자(미성년자, 피한정후견인, 피성년후견인)나 외국인도 등기명의인이 될 수 있다. ② 태아는 등기명의인이 될 수 없다.
법인	법인이면 모두 등기명의인이 될 수 있다.
국가 또는 지방자치단체	① 국가나 지방자치단체(특별시 · 광역시 · 도 · 시 · 군 · 구)는 공법인으로서 등기명의인이 될 수 있다. ② 읍 · 면 · 동은 지방자치단체가 아니므로 등기명의인이 될 수 없다. ③ 자연부락(동 · 리)이 지방자치단체는 아니지만, 의사결정기관과 대표자를 두어 독자적인 활동을 하는 사회조직체라면 법인 아닌 사단으로 볼 수 있어 등기명의인이 될 수 있다.
법인 아닌 사단 · 재단	① 법인 아닌 사단이나 재단으로는 종중, 문중, 교회, 아파트입주자대표회의 등이 있다. ② 종중, 문중, 그 밖에 대표자나 관리인이 있는 법인 아닌 사단이나 재단에 속하는 부동산의 등기에 관하여는 그 사단이나 재단을 등기권리자 또는 등기의무자로 한다. ➡ 대표자나 관리인이 등기권리자나 등기의무자가 된다. (×) ③ 위의 등기는 그 사단이나 재단의 명의로 그 대표자 또는 관리인이 신청한다. ④ 법인 아닌 사단이 등기의무자로 등기를 신청하는 경우는 사원총회결의서를 제공하지만, 등기권리자로 등기를 신청하는 경우는 사원총회결의서를 제공하지 않는다.

「민법」상 조합	① 「민법」상의 조합(예 계, 동업관계 등)은 권리능력이 없으므로 「민법」상 조합 명의로는 등기를 할 수 없고, 조합원 전원 명의로 합유등기를 한다. ② 이 경우 합유자의 지분은 등기사항이 아니다. ➡ 합유지분 이전등기, 합유지분에 대한 저당권설정이나 가압류등기를 할 수 없다. ③ 합유자 1인이 다른 합유자 전원의 동의를 얻어 자신의 지분을 제3자에게 처분하는 경우, 합유지분 이전등기를 하는 것이 아니라 합유명의인 변경등기를 하여야 한다. ④ 특별법상의 조합(예 농업협동조합, 재건축조합 등)은 조합 명칭을 사용하지만, 실질이 법인이므로 그 명의로 등기를 신청할 수 있다.
학교	① 학교 재산은 학교 명의로 등기할 수 없고 설립자 명의로 등기를 하여야 한다. ② 사립학교는 설립자인 학교법인 명의로 등기를 하여야 하고, 국립학교는 국가 명의로, 공립학교는 지방자치단체 명의로 등기를 하여야 한다.

석's 출제포인트

등기신청적격 여부

인정되는 경우	부정되는 경우
• 자연인(외국인을 포함), 법인 • 국가, 지방자치단체 • 자연부락 • 법인 아닌 사단·재단 • 특별법상 조합(예 재건축조합, 농업협동조합)	• 태아 • 읍·면·동 • 「민법」상 조합 • 학교

2 공동신청

31회 · 35회

1. 의의

등기는 법률에 다른 규정이 없는 경우에는 등기권리자와 등기의무자가 공동으로 신청한다.

2. 실체법상의 등기권리자와 등기의무자

의의	① '등기권리자'란 실체관계에 기초한 등기청구권을 가지는 자를 의미한다. ② '등기의무자'란 등기권리자의 등기청구에 협력할 의무가 있는 자를 말한다.
등기청구권	① '등기청구권'이란 등기권리자가 등기의무자에 대하여 등기신청에 협력할 것을 요구할 수 있는 실체법상의 권리를 말한다. ② 등기의무자가 이에 협조하지 않는 경우 소송으로 강제하여 승소하면 판결정본을 첨부하여 단독으로 신청할 수 있다. ➡ 승소한 등기권리자의 단독신청

등기인수 청구권	① '등기인수청구권'이란 甲이 乙에게 부동산을 매도하였으나 乙이 소유권이전등기를 하지 않아서 등기의무자인 甲이 과세 등의 불이익을 받은 경우 乙에게 등기를 인수해 갈 것을 청구할 수 있는 권리를 말한다. ② 乙이 이에 협조하지 않는 경우 등기의무자는 소송으로 강제하여 승소하면 판결정본을 첨부하여 단독으로 신청한다. ➡ 승소한 등기의무자의 단독신청

3. 절차법상의 등기권리자와 등기의무자

의의	① '등기권리자'란 신청한 등기가 실행됨으로써 등기기록상 권리의 취득 또는 이익을 받는 자를 말한다. ② '등기의무자'란 신청한 등기가 실행됨으로써 등기기록상 권리의 상실 또는 불이익을 받는 자를 말한다.
판단 기준	이익·불이익의 여부는 등기기록상 형식적으로 판단하는 것이지 실제로 이익이나 손해가 발생하여야 하는 것은 아니다.

4. 실체법상 등기권리자·등기의무자와 절차법상 등기권리자·등기의무자의 관계

① 실체법상 등기권리자·등기의무자와 절차법상의 등기권리자·등기의무자는 대체로 일치하지만 항상 일치하는 것은 아니다.

② 부동산이 甲 ⇨ 乙 ⇨ 丙 순으로 매도되었으나 등기 명의가 甲에게 남아 있어 丙이 乙을 대위하여 乙 명의의 소유권이전등기를 신청하는 경우, 실체법상의 등기권리자는 丙이지만, 절차법상의 등기권리자는 乙이 된다.

【갑구】	
1	소유권보존 甲 ⇨ 乙 ⇨ 丙
2	소유권이전 乙

〈판단 순서〉
1. 무슨 등기를 했나?
2. 그 등기로 인해 누구에게 이익이 되고 불이익이 되나?
3. 이익·불이익은 신청인을 보지 말고 등기부를 보고 판단한다.

등기권리자와 등기의무자의 예

등기의 종류		등기원인	등기권리자	등기의무자
소유권	이전등기	매매계약	매수인	매도인
	말소등기	매매계약의 무효	매도인	매수인
저당권	설정등기	설정계약	저당권자	저당권설정자
	말소등기	해지	저당권설정자	저당권자
	이전등기	채권양도	양수인	양도인
	증액변경등기	변경계약	저당권자	저당권설정자
	감액변경등기	변경계약	저당권설정자	저당권자

3 단독신청

1. 판결에 의한 단독신청

법 규정	① 등기절차의 이행 또는 인수를 명하는 판결에 의한 등기는 승소한 등기권리자 또는 등기의무자가 단독으로 신청한다. ② 공유물을 분할하는 판결에 의한 등기는 등기권리자 또는 등기의무자가 단독으로 신청한다.
이행판결	① 여기서의 판결은 등기신청에 협력할 것을 명하는 확정된 이행판결을 의미하고, 확인판결과 형성판결은 이에 해당되지 않는다. ② 다만, 공유물분할판결은 형성판결이지만 예외적으로 단독신청할 수 있다.
확정판결	① 판결은 확정판결이어야 하므로 확정되지 아니한 가집행선고에 등기절차의 이행을 명하는 조항이 기재되어 있어도 등기권리자는 이에 의하여 단독으로 등기를 신청할 수 없다. ② 등기절차의 이행을 명하는 판결을 받았다면 그 확정시기에 관계없이, 즉 확정 후 10년이 경과하였다 하더라도 언제든지 그 판결에 의한 등기신청을 할 수 있다.
신청인	① 승소한 등기권리자 또는 승소한 등기의무자는 단독으로 판결에 의한 등기신청을 할 수 있다. ② 패소한 등기의무자는 그 판결에 기하여 직접 등기권리자 명의의 등기신청을 하거나 승소한 등기권리자를 대위하여 등기신청을 할 수 없다. ③ 공유물분할판결이 확정되면 그 소송 당사자는 원고·피고, 승소·패소 여부에 관계없이 단독으로 공유물분할을 원인으로 한 지분이전등기를 신청할 수 있다.
첨부정보	① 판결에 의한 등기를 신청함에 있어 등기원인을 증명하는 정보로서 판결정본과 그 판결이 확정되었음을 증명하는 확정증명서를 첨부하여야 한다. ② 송달증명서의 제공을 요하지 않는다.

2. 등기의 성질상 등기의무자가 없는 경우

① 소유권보존등기 또는 소유권보존등기의 말소등기는 등기명의인으로 될 자 또는 등기명의인이 단독으로 신청한다(법 제23조 제2항).

② 상속등기나 법인의 합병에 의한 소유권이전등기 등은 등기권리자가 단독으로 신청한다(법 제23조 제3항).

③ 부동산표시의 변경(경정)의 등기나 멸실등기는 소유권의 등기명의인이 단독으로 신청한다(법 제23조 제5항).

④ 등기명의인표시의 변경(경정)의 등기는 해당 권리의 등기명의인이 단독으로 신청한다(법 제23조 제6항).

3. 기타 법률의 규정에 의한 단독신청

① 혼동으로 소멸한 권리의 말소등기는 그 등기명의인이 단독으로 신청한다. 암기 혼신

【갑구】	
1	소유권보존 甲
2	소유권이전 매매 乙

【을구】	
1	전세권설정 3억원 乙

② 등기권리자가 등기의무자의 소재불명으로 인하여 공동으로 등기의 말소를 신청할 수 없는 때에는 「민사소송법」의 규정에 따라 공시최고 후 제권판결을 받아 신청서에 그 등본을 첨부하여 등기권리자가 단독신청으로 말소할 수 있다.

4 상속인(포괄승계인)에 의한 신청

31회

<table>
<tr><td>의의</td><td>등기원인이 발생한 후 그에 따른 등기를 신청하기 전에 등기권리자 또는 등기의무자가 사망한 경우에는 그 자의 상속인이 그 등기를 신청할 수 있다(법 제27조). 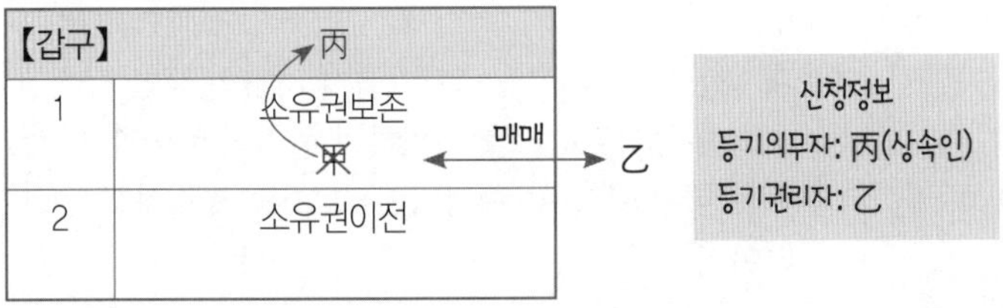

【갑구】 丙
1 소유권보존 甲 ← 매매 → 乙
2 소유권이전

신청정보
등기의무자: 丙(상속인)
등기권리자: 乙</td></tr>
<tr><td>신청 및 실행</td><td>① 등기원인은 상속이 아니라 '피상속인과 그 상대방의 매매' 이다.
② 등기는 상속인과 피상속인과 계약한 상대방이 공동으로 신청한다.
③ 매매계약 후 매도인(甲)이 사망한 경우, 매도인의 상속인 명의로 상속등기를 생략하고 직접 매수인(乙) 명의로 소유권이전등기를 한다.
④ 매매계약 후 매수인(乙)이 사망한 경우, 매수인(乙) 명의로 등기를 하지 않고 직접 매수인의 상속인 명의로 소유권이전등기를 한다.</td></tr>
<tr><td>특칙</td><td>상속인에 의한 등기신청의 경우에는 신청정보상의 등기의무자의 표시와 등기기록상의 등기의무자의 표시가 서로 부합되지 않더라도 각하사유(법 제29조 제7호)에 해당하지 아니한다.</td></tr>
</table>

5 대위신청

31회 · 33회 · 34회

1. 채권자대위권에 기한 대위신청

<table>
<tr><td>의의</td><td>① 甲·乙·丙이 순차로 부동산을 매매한 경우, 甲은 소유권이전등기절차에 협력할 의사를 가지고 있으나 乙이 등기신청을 하지 않고 있는 경우 乙의 채권자인 丙이 자기의 채권을 보전하기 위하여 乙의 등기신청권을 대위행사하여 甲으로부터 乙로의 등기를 신청할 수 있다.
② 이 경우 등기신청인은 乙이 아니라 채권자인 丙이 된다.
<table><tr><th colspan="2">【갑구】</th></tr><tr><td>1</td><td>소유권보존
甲 ⇨ 乙 ⇨ 丙</td></tr><tr><td>2</td><td>소유권이전</td></tr></table>피대위자 = 채무자 (乙)
대위자 = 채권자 (丙)</td></tr>
<tr><td>요건 및 절차</td><td>① 채권자가 채무자의 등기를 대위신청하기 위해서는 채권자에게도 보전할 채권이 존재하여야 한다.
② 채무자에게는 등기신청권이 있어야 한다.
③ 채권자가 채무자 명의의 등기를 대위신청하는 경우 제3자로부터 채무자 명의의 등기와 채무자로부터 자신 명의로의 등기를 동시에 신청하지 않더라도 수리하여야 한다.</td></tr>
<tr><td>실행 및 등기완료통지</td><td>① 대위신청에 의하여 표제부 및 갑구·을구에 등기를 함에 있어서는 대위자의 성명 또는 명칭, 주소 또는 사무소 소재지 및 대위원인을 기록하여야 한다(법 제28조 제2항).
② 등기를 완료한 후 등기명의인을 위한 등기필정보를 작성하지 않는다.
③ 반면, 등기를 신청한 대위채권자(= 신청인) 및 등기권리자인 채무자에게 등기완료의 사실을 통지하여야 한다(규칙 제53조 제2호).</td></tr>
</table>

2. 구분건물 및 멸실등기의 대위신청

구분건물	구분소유자 중 일부가 1동의 건물에 속하는 구분건물 중 일부만에 관하여 소유권보존등기를 신청하는 경우에는 나머지 구분건물의 표시에 관한 등기를 동시에 신청하여야 하는데, 이때 소유권보존등기를 신청하는 구분건물의 소유자는 1동에 속하는 다른 구분건물의 소유자를 대위하여 그 건물의 표시에 관한 등기를 신청할 수 있다(법 제46조).
대지권 변경등기	구분건물로서 그 대지권의 변경이나 소멸이 있는 경우에는 구분건물의 소유권의 등기명의인은 1동의 건물에 속하는 다른 구분건물의 소유권의 등기명의인을 대위하여 그 등기를 신청할 수 있다(법 제41조 제3항).
멸실등기	건물소유자와 대지소유자가 다른 상태에서 건물이 멸실된 경우, 그 건물 소유권의 등기명의인이 1개월 이내에 멸실등기를 신청하지 아니하면 그 건물대지의 소유자가 건물 소유권의 등기명의인을 대위하여 그 등기를 신청할 수 있다(법 제43조 제2항).

6 대리인에 의한 등기신청

대상 및 자격	① 등기신청은 공동신청뿐만 아니라 단독신청, 상속인에 의한 등기신청, 대위신청, 촉탁의 경우에도 대리인에 의한 등기신청이 허용된다. ② 방문신청(e-Form신청을 포함)의 경우 임의대리인의 자격에 관하여는 특별한 제한이 없으므로 변호사 또는 법무사가 아니라도 등기신청의 대리인이 될 수 있다. ③ 반면, 전자신청을 대리할 수 있는 자는 자격자대리인(변호사나 법무사)에 한한다(규칙 제67조 제1항).
자기계약, 쌍방대리	① 등기신청행위의 대리는 법률행위의 대리가 아니고 채무의 이행에 준하는 행위로 볼 수 있으므로 자기계약 및 쌍방대리가 허용된다. ② 자기계약: 甲 소유 부동산에 대하여 甲과 乙이 매매계약을 체결한 경우, 매수인 乙이 매도인 甲에게 등기신청의 위임을 받으면 乙은 등기권리자 본인이면서 등기의무자 甲의 대리인으로 등기를 신청할 수 있다. ③ 쌍방대리: 甲 소유 부동산에 대하여 甲과 乙이 매매계약을 체결한 경우, 법무사 丙은 甲과 乙 쌍방을 대리하여 소유권이전등기를 신청할 수 있다.
대리권 흠결의 효과	대리권 없는 자의 등기신청(법 제29조 제3호 위반)은 이를 각하하여야 하지만 이를 간과하고 등기가 실행된 경우, 본인의 추인이 있거나 그 등기가 실체관계와 부합하면 그 등기는 유효하다.

7 전산정보처리조직에 의한 등기신청(전자신청)

의의	등기는 전산정보처리조직을 이용[이동통신 단말장치에서 사용되는 애플리케이션(Application)을 통하여 이용하는 경우를 포함한다]하여 신청정보 및 첨부정보를 보내는 방법으로 신청할 수 있다. 전자신청을 할 수 있는 등기는 법원행정처장이 지정하는 등기유형으로 한정한다(법 제24조 제1항).
전자신청을 할 수 있는 자	① 등기소에 출석하여 사용자등록을 한 '자연인(외국인을 포함)'과 전자증명서를 발급받은 '법인'이 전자신청을 할 수 있다. 반면, 법인 아닌 사단과 재단은 전자신청을 할 수 없다(규칙 제67조 제1항). ② 본인을 대리하여 전자신청을 할 수 있는 자는 자격자대리인(변호사나 법무사)에 한한다(규칙 제67조 제1항).
사용자등록	① 전자신청을 하기 위해서는 그 등기신청을 하는 당사자 또는 등기신청을 대리할 수 있는 자격자대리인이 최초의 등기신청 전에 사용자등록을 하여야 한다(규칙 제68조 제1항). 사용자등록을 한 자격자대리인에게 전자신청을 위임한 경우 당사자는 사용자등록을 할 필요가 없다. ② 사용자등록을 신청하는 당사자 또는 자격자대리인은 등기소에 출석하여 신청서를 제출하여야 한다(규칙 제68조 제2항).

	③ 사용자등록을 신청할 등기소는 주소지나 사무소 소재지 관할 및 그 이외의 아무 등기소에서나 할 수 있다. ④ 사용자등록 신청서에는 「인감증명법」에 따라 신고한 인감을 날인하고, 그 인감증명과 함께 주소를 증명하는 서면의 사본도 첨부하여야 한다(규칙 제68조 제3항). ⑤ 사용자등록의 유효기간은 3년으로 한다. 다만, 자격자대리인 외의 자의 경우에는 그 기간을 단축할 수 있다. 사용자등록의 유효기간 만료일 3개월 전부터 만료일까지는 그 유효기간의 연장을 신청할 수 있으며, 그 연장기간은 3년으로 한다. 이 경우 유효기간 연장은 전자문서로 신청할 수 있다(규칙 제69조).
전자신청의 방법	① 전산정보처리조직을 이용하여 등기를 신청하는 경우에는 출석주의 위반(법 제29조 제4호)으로 인한 각하사유를 적용하지 아니한다. ② 전자신청을 하는 경우에는 신청정보의 내용으로 등기소에 제공하여야 하는 정보를 전자문서로 등기소에 송신하여야 한다(규칙 제67조 제2항). ③ 전자문서를 송신할 때에는 신청인 또는 문서작성자의 전자서명정보(인증서 등)를 함께 송신하여야 한다(규칙 제67조 제4항). ④ 인감증명을 제출하여야 하는 자가 인증서정보를 송신한 때에는 인감증명서정보의 송신을 요하지 않는다.
전자표준양식 (e-Form)	① 전자표준양식에 의한 신청은 전자신청이 아니라 방문신청에 해당한다. ② 전자표준양식에 의한 경우, 자격자대리인이 아니라도 타인을 대리하여 등기를 신청할 수 있다.

| 제3절 | 신청정보 및 첨부정보

1 신청정보(신청서)

33회 · 34회 · 35회

1. 신청정보의 작성방법

1건 1신청주의 (원칙)	등기의 신청은 1건당 1개의 부동산에 관한 신청정보를 제공하는 방법으로 하여야 한다(법 제25조 본문).
일괄신청 (예외)	① 등기목적과 등기원인이 동일한 경우에는 여러 개의 부동산에 관한 신청정보를 일괄하여 제공하는 방법으로 할 수 있다(법 제25조 단서). ② 다음의 경우에는 여러 개의 부동산에 관한 신청정보를 일괄하여 제공하는 방법으로 할 수 있다(규칙 제47조 제1항). ㉠ 같은 채권의 담보를 위하여 소유자가 다른 여러 개의 부동산에 대한 저당권설정등기를 신청하는 경우 ㉡ 경매나 공매처분으로 인한 등기의 일괄촉탁을 하는 경우 ⊕ 일괄신청 시 부동산의 관할 등기소가 동일할 필요는 없다.

신청정보의 작성 및 제공	① 같은 등기소에 동시에 여러 건의 등기신청을 하는 경우에 첨부정보의 내용이 같은 것이 있을 때에는 먼저 접수되는 신청에만 그 첨부정보를 제공하고, 다른 신청에는 먼저 접수된 신청에 그 첨부정보를 제공하였다는 뜻을 신청정보의 내용으로 등기소에 제공하는 것으로 그 첨부정보의 제공을 갈음할 수 있다(규칙 제47조 제2항). ② 방문신청을 하는 경우에는 등기신청서에 신청인 또는 그 대리인이 기명날인하거나 서명하여야 한다(규칙 제56조 제1항). ③ 신청서가 여러 장일 때에는 신청인 또는 그 대리인이 간인을 하여야 하고, 등기권리자 또는 등기의무자가 여러 명일 때에는 그중 1명이 간인하는 방법으로 한다. 다만, 신청서에 서명을 하였을 때에는 각 장마다 연결되는 서명을 함으로써 간인을 대신한다(규칙 제56조 제2항).

2. 신청정보의 내용

(1) 필요적 제공사항

부동산의 표시	① 토지의 소재, 지번, 지목, 면적 ② 건물의 소재, 지번, 구조, 종류, 면적, 건물번호, 부속건물의 표시
신청인	① 등기권리자가 2인 이상(공유)인 경우에는 신청정보에 그 지분을 제공하여야 한다. ② 등기할 권리가 합유인 때에는 그 뜻을 적어야 한다. 합유지분은 제공하지 않는다.
등기원인과 연월일	등기원인인 법률행위가 시기부 또는 조건부인 경우에는 그 시기의 도래일 또는 조건의 성취일을 연월일로 제공한다.
등기의 목적	예 소유권보존등기, 소유권이전등기, 전세권설정등기, 저당권이전등기 등
등기필정보	① 등기필정보의 제공은 공동신청 또는 승소한 등기의무자의 단독신청에 의하여 권리에 관한 등기를 신청하는 경우로 한정한다. 암기 필승의공 ② 승소한 등기권리자가 단독신청하는 경우는 제공하지 않는다.
관할 등기소의 표시	–

석's 출제포인트

신정정보의 제공사항 및 등기기록의 기록사항

구분	대리인	법인	법인 아닌 사단재단	대위신청	저당권설정
신청정보	대리인의 성명, 주소	대표자의 성명, 주소	대표자의 성명, 주소, 주민등록번호	대위자의 성명, 주소	채무자의 성명, 주소
등기기록	×	×	대표자의 성명, 주소, 주민등록번호	대위자의 성명, 주소	채무자의 성명, 주소

(2) 임의적 제공사항

효력	임의적 제공사항이 등기되었을 때에는 대항력이 발생한다.
특징	임의적 제공사항이 등기원인에 정해져 있는 경우에는 신청정보로 이를 제공하여야 한다.
구체적인 예	① 등기원인에 권리의 소멸에 관한 약정이 있을 경우 신청인은 그 약정에 관한 등기를 신청할 수 있다. ② 등기원인에 공유물 분할금지약정이 있을 때에는 그 약정에 관한 사항도 신청정보의 내용으로 등기소에 제공하여야 한다. ③ 환매특약의 등기를 신청하는 경우 등기원인에 환매기간이 정하여져 있는 경우에만 이를 제공하여야 한다. ④ 지상권, 전세권 및 근저당권 등의 존속기간 등

3. 등기필정보

의의	'등기필정보'란 등기부에 새로운 권리자가 기록되는 경우에 그 권리자를 확인하기 위하여 등기관이 작성한 정보를 말한다.
제공하는 경우	① **공동신청 또는 승소한 등기의무자의 단독신청**에 의하여 권리에 관한 등기를 신청하는 경우로 한정한다(규칙 제43조 제1항 제7호). 암기 필승의공 ② **공동신청 예**: 유증에 의한 소유권이전등기, 상속인에 의한 등기신청 등
제공하지 않는 경우	① **단독신청**: 소유권보존등기, 상속등기, 등기명의인의 표시변경등기, 부동산의 표시변경등기 • 등기의무자는 협조하지 않고 찢어버린다. ② 승소한 등기권리자가 단독신청하는 경우 ③ 관공서의 촉탁등기
제공할 수 없는 경우 (= 멸실된 경우)	① 등기필정보는 어떠한 경우에도 **재발급하지 않는다**. ② **직접출석**: 등기의무자 또는 그 법정대리인이 **등기소에 출석**하여 등기관으로부터 등기의무자 또는 그 법정대리인임을 확인받아야 한다(법 제51조 본문). ③ **확인서면**: **자격자대리인**이 등기의무자 또는 그 법정대리인으로부터 위임받았음을 확인한 경우에는 그 확인한 사실을 증명하는 서면을 첨부서면으로서 등기소에 제공하여야 한다(규칙 제111조 제2항). ④ **공증서면**: 신청서나 위임장 중 등기의무자 또는 그 법정대리인의 작성부분에 관하여 공증을 받은 경우 이를 첨부정보로 제공하여야 한다(법 제51조 단서).

등기신청서 작성례

소유권이전등기신청(매매)				
접수	○○년 ○○월 ○○일	처리인	등기관 확인	각종 통지
	제○○호			

부동산의 표시(거래신고관리번호/거래가액)
1동의 건물의 표시 서울특별시 서초구 방배동 123 삼성래미안아파트 103동 전유부분의 건물의 표시 건물의 번호: 103-11-1101 구조: 철근콘크리트조 면적: 11층 제1101호 132m² 대지권의 표시 토지의 표시 1. 서울특별시 서초구 방배동 123 대 21,400.6m² 대지권의 종류: 소유권 대지권의 비율: 21,400.6분의 70.2 거래신고관리번호: 12345-2020-9-1234560 거래가액: 650,000,000원 이 상

등기원인과 그 연월일	2024년 9월 1일 매매			
등기의 목적	소유권 이전			
이전할 지분				
구분	성명 (상호 · 명칭)	주민등록번호 (등기용등록번호)	주소(소재지)	지분 (개인별)
등기 의무자	신 세 계	750826-1******	서울특별시 서초구 방배로 15길 22 삼성래미안아파트 103-1101	
등기 권리자	백 원 만	771125-1******	서울특별시 서초구 서초대로 23길 15 105-1101(서초동 진흥아파트)	

시가표준액 및 국민주택채권매입금액		
부동산 표시	부동산별 시가표준액	부동산별 국민주택채권매입금액
1. 공동주택	금 ○○,○○○,○○○원	금 ○○○,○○○원
2.	금 원	금 원
3.	금 원	금 원
국민주택채권매입총액		금 ○○○,○○○원
국민주택채권발행번호		○ ○ ○

<table>
<tr><td rowspan="2">취득세(등록면허세) 금 원</td><td>지방교육세 금 원</td></tr>
<tr><td>농어촌특별세 금 원</td></tr>
<tr><td>세액 합계</td><td>금 ○○○,○○○원</td></tr>
<tr><td rowspan="3">등기신청수수료</td><td>금 14,000원</td></tr>
<tr><td>납부번호:</td></tr>
<tr><td>일괄납부: 건 원</td></tr>
</table>

등기의무자의 등기필정보		
부동산고유번호	1102-2011-002634	
성명(명칭)	일련번호	비밀번호
김 세 연	WTDI-UPRV-P6H1	40-6557

첨부서면

- 매매계약서 1통
- 취득세(등록면허세)영수필확인서 1통
- 등기신청수수료 영수필확인서 1통
- ~~위임장 통~~
- ~~등기필증 통~~
- 토지 · 임야 · 건축물대장등본 각 1통
- 주민등록표초본(또는 등본) 각 1통
- 부동산거래계약신고필증 1통
- 매매목록 1통
- 인감증명서나 본인서명사실확인서 또는 전자본인서명확인서 발급증 1통

〈기타〉

2024년 10월 21일

위 신청인 신 세 계 ㉞ (전화: 010-1200-7766)
백 원 만 ㉞ (전화: 010-1234-5678)

(또는) 위 대리인 (전화:)

서울중앙지방법원 등기국 귀중

– 신청서 작성요령 –

* 1. 부동산표시란에 2개 이상의 부동산을 기재하는 경우에는 부동산의 일련번호를 기재하여야 합니다.
2. 신청인란 등 해당란에 기재할 여백이 없을 경우에는 별지를 이용합니다.
3. 담당 등기관이 판단하여 위의 첨부서면 외에 추가적인 서면을 요구할 수 있습니다.

2 등기원인을 증명하는 정보

32회

의의	'등기원인을 증명하는 정보'란 등기할 권리변동의 원인인 법률행위 기타 법률사실의 성립을 증명하는 정보를 말한다.
예시	① 이전등기나 설정등기에서의 각종 계약서, 말소등기 시의 해지증서 등 ② 판결의 종류를 불문하고 판결정본 ③ 유증의 경우에는 유언증서
검인제도	계약을 원인으로 한 소유권이전등기를 신청할 때에는 계약서에 시장(또는 구청장)·군수 또는 그 권한의 위임을 받은 자(읍·면·동장)의 검인을 받아 관할 등기소에 이를 제출하여야 한다(부동산등기 특별조치법 제3조 제1항). 암기 계소리

3 토지거래허가서 및 농지취득자격증명

34회 · 35회

1. 토지거래허가서(부동산 거래신고 등에 관한 법률 제11조 제1항)

제공요건	① 허가구역 내의 토지에 관한 소유권·지상권을 대가를 받고 이전·설정계약에 의한 이전·설정등기를 신청하는 경우에 시장·군수 또는 구청장 등의 허가를 증명하는 서면을 제공하여야 한다. ② 소유권·지상권의 이전·설정청구권 보전의 가등기를 신청하는 경우에는 토지거래허가증을 첨부하지만, 그 가등기에 기한 본등기를 신청하는 때에는 토지거래허가증을 첨부할 필요 없다. ➡ 가등기 때 제공하고 본등기 때 제공하지 않는다.
제공(×)	① 증여, 유증, 법률의 규정(상속, 수용, 진정명의회복, 취득시효완성) 등 ② 가등기에 기한 본등기

2. 농지취득자격증명

제공요건	농지에 대한 계약을 원인으로 한 소유권이전등기를 신청하는 경우 농지취득자격증명을 첨부정보로 등기소에 제공하여야 한다. 암기 계소리
제공(○)	매매, 증여, 교환, 명의신탁해지, 「신탁법」상 신탁 또는 신탁해지 등을 원인으로 하여 소유권이전등기를 신청하는 경우
제공(×)	① 법률의 규정(상속, 수용, 취득시효, 진정명의회복 등)을 원인으로 소유권이전등기를 신청하는 경우 ② 농지에 대한 공유물분할협의를 원인으로 소유권이전등기를 신청하는 경우

4 등기권리자의 주소를 증명하는 정보

34회 · 35회

원칙	새로 등기명의인이 되는 등기권리자는 권리의 종류를 불문하고 주소 또는 사무소 소재지를 증명하는 정보를 제공하여야 한다.
예외	① 소유권이전등기를 신청하는 경우에는 등기의무자의 주소를 증명하는 정보도 제공하여야 한다(규칙 제46조 제1항 제6호). ② 신청정보의 등기의무자의 표시에 관한 사항 중 주민등록번호는 등기기록과 일치하고 주소가 일치하지 아니하여 등기의무자의 동일성 확인이 필요한 경우, 등기의무자의 주소를 증명하는 정보를 제공하여야 한다(규칙 제46조 제1항 제6호). ③ 등기관이 소유권이전등기를 할 때에 등기명의인의 주소변경으로 신청정보상의 등기의무자의 표시가 등기기록과 일치하지 아니하는 경우에는 직권으로 **등기명의인의 표시변경등기**를 하여야 한다(규칙 제122조). ④ 위 ②의 경우는 직권으로 등기명의인의 표시변경등기를 할 수 없다(규칙 제122조).

5 부동산등기용등록번호

암기 재대하고 외출해서 법주마시고 비시댄다

부동산등기용등록번호는 다음의 구분에 따라 부여한다(법 제49조).

주민등록번호가 없는 재외국민	대법원 소재지 관할 등기소의 등기관이 부여
외국인	체류지를 관할하는 지방출입국·외국인관서의 장이 부여
법인(외국법인을 포함)	주된 사무소(회사의 경우에는 본점, 외국법인의 경우에는 국내에 최초로 설치 등기를 한 영업소나 사무소를 말한다) 소재지 관할 등기소의 등기관이 부여
법인 아닌 사단·재단, 국내에 영업소(사무소)의 설치 등기를 하지 아니한 외국법인	시장·군수·구청장이 부여

6 대장등본 기타 부동산의 표시를 증명하는 정보

암기 대표보이

34회

제공하는 경우	① 표제부등기(부동산의 표시변경등기나 멸실등기)를 신청하는 경우 ② 소유권보존등기와 소유권이전등기를 신청하는 경우
유효기간	토지대장·임야대장의 등본 또는 건축물대장등본은 발행일로부터 3개월 이내의 것이어야 한다.

7 건물의 도면 또는 지적도면(제공하는 경우)

용익권등기	① 건물이나 토지의 일부에 대한 지상권·지역권·전세권·임차권설정등기 시(규칙 제126조, 제127조, 제128조, 제130조) ② 건물이나 토지의 일부에 지상권·지역권·전세권이나 임차권의 등기가 있는 경우에 그 건물이나 토지의 분할의 등기를 신청할 때(규칙 제74조, 제95조) ③ 건물이나 토지의 전부에 대한 지상권·지역권·전세권·임차권설정등기 시에는 제공하지 않는다.

8 법인 아닌 사단이나 재단

31회 · 34회

종중, 문중, 그 밖에 대표자나 관리인이 있는 법인 아닌 사단이나 재단이 등기를 신청하는 경우에는 다음의 정보를 첨부정보로서 등기소에 제공하여야 한다(규칙 제48조).

① 정관이나 그 밖의 규약
② 대표자나 관리인임을 증명하는 정보. 다만, 등기되어 있는 대표자나 관리인이 신청하는 경우에는 그러하지 아니하다.
③ 사원총회결의서는 법인 아닌 사단이 등기의무자인 경우로 한정한다. ➡ 등기권리자인 경우는 제공(×)
④ 대표자나 관리인의 주소 및 주민등록번호를 증명하는 정보

| 제4절 | 등기신청에 대한 등기관의 처분

그림으로 보는 등기신청에 대한 등기관의 처분

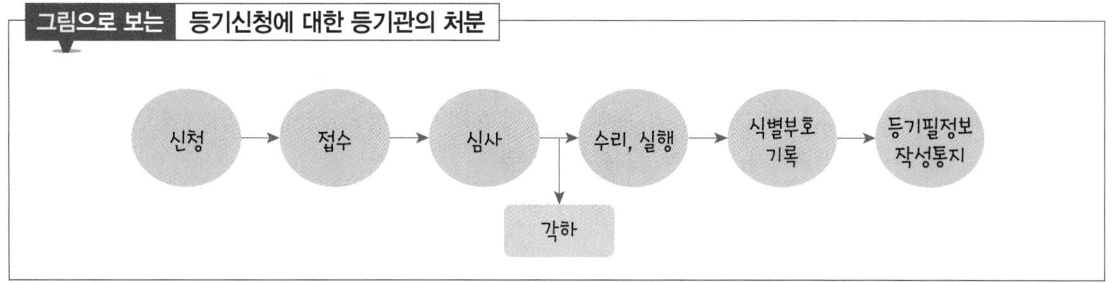

1 등기신청의 접수 및 심사

34회

접수 시점	① 등기신청은 해당 부동산이 다른 부동산과 구별될 수 있게 하는 등기신청정보가 전산정보처리조직에 저장된 때 접수된 것으로 본다(법 제6조 제1항, 규칙 제3조). ② 등기신청 시 접수번호는 전국 모든 등기소를 통합하여 부여하되, 매년 새로 부여하여야 한다(규칙 제22조 제2항).
동시신청	다음의 등기는 동시에 신청하여야 하는 것으로 이를 위반한 경우 각하의 사유가 된다. ① 환매특약등기와 소유권이전등기는 별개의 신청정보로 동시에 신청하여야 한다(민법 제592조). ② 신탁등기와 신탁으로 인한 소유권이전등기는 동일한 신청정보로 동시에 신청하여야 한다(법 제82조 제1항). ③ 1동의 건물에 속하는 구분건물 중 일부만에 관하여 소유권보존등기를 신청하는 경우에는 나머지 구분건물의 표시에 관한 등기를 동시에 신청하여야 한다(법 제46조 제1항).
형식적 심사주의	등기신청을 할 때 제공한 신청정보 및 첨부정보와 등기기록만을 자료로 하여 수리 여부를 심사하는 형식적 심사주의를 취하고 있다.

2 등기신청의 각하

34회 · 35회

1. 의의

등기관이 신청한 등기에 대하여 등기기록에 등재를 거부하는 처분행위를 '각하'라고 한다.

2. 각하사유(법 제29조)

등기관은 다음의 어느 하나에 해당하는 경우에만 이유를 적은 결정으로 신청을 각하하여야 한다.

① 제1호: 사건이 그 등기소의 관할이 아닌 경우

② 제2호: 사건이 등기할 것이 아닌 경우. 다음의 어느 하나에 해당하는 경우가 이에 해당한다(규칙 제52조).

1. 등기능력 없는 물건 또는 권리에 대한 등기를 신청한 경우
   (예 가설건축물, 교량, 폐유조선/점유권, 유치권, 동산질권, 주위토지통행권 등)
2. 법령에 근거가 없는 특약사항의 등기를 신청한 경우(예 지상권양도금지특약 등)
3. 구분건물의 전유부분과 대지사용권의 분리처분 금지에 위반한 등기를 신청한 경우
   (예 대지권이 등기된 구분건물의 등기기록에 건물에만 효력이 있도록 소유권이전등기를 신청한 경우)
4. 농지를 전세권설정의 목적으로 하는 등기를 신청한 경우
5. 저당권을 피담보채권과 분리하여 양도하거나, 피담보채권과 분리하여 다른 채권의 담보로 하는 등기를 신청한 경우 → 종된 것은 나대지 말라
6. 일부 지분에 대한 소유권보존등기를 신청한 경우 암기 전원보상
7. 공동상속인 중 일부가 자신의 상속지분만에 대한 상속등기를 신청한 경우 암기 전원보상
8. 관공서 또는 법원의 촉탁으로 실행되어야 할 등기를 신청한 경우
   (예 가압류등기, 가처분등기, 매각처분으로 인한 소유권이전등기 등을 채권자나 매수인이 신청한 경우)
9. 이미 보존등기된 부동산에 대하여 다시 보존등기를 신청한 경우
10. 그 밖에 신청취지 자체에 의하여 법률상 허용될 수 없음이 명백한 등기를 신청한 경우

그 밖에 법률상 허용될 수 없는 경우

1. 사건이 등기할 것이 아닌 경우(= 제2호)

구분	지상권, 지역권, 전세권, 임차권	소유권이전, 저당권, 가압류, 가처분	소유권보존
부동산의 일부	○	×(각하)	×(각하)
소유권의 일부(=지분)	×(각하)	○	×(각하)

2. 사건이 등기할 것이 아닌 경우(= 제2호)의 예시

구분	등기할 수 있는 경우	등기할 수 없는 경우(= 각하사유)
1	공유자 중의 1인이 신청하는 공유자 전원 명의의 보존등기	공유자 중의 1인이 신청하는 자기 지분만의 보존등기 암기 전원보상
2	공동상속인 중의 1인이 신청하는 상속인 전원 명의의 상속등기	공동상속인 중의 1인이 신청하는 자기 지분만의 상속등기 암기 전원보상
3	수인의 가등기권리자 중 1인이 신청하는 자기 지분만의 본등기 암기 지가유	수인의 가등기권리자 중 1인이 신청하는 가등기권리자 전원 명의의 본등기
4	가등기상 권리의 처분을 금지하는 가처분등기	가등기에 기한 본등기를 금지하는 가처분등기 → 합격금지 가처분
5	처분금지가처분등기에 반하는 소유권이전등기나 근저당권설정등기	–

6	공유지분에 대한 이전등기, 저당권설정등기, 가압류등기	합유지분에 대한 이전등기, 저당권설정등기, 가압류등기
7	전세권양도금지 및 담보제공금지특약	지상권양도금지 및 담보제공금지특약

③ 제3호: 신청할 권한이 없는 자가 신청한 경우(예 무권대리인의 등기신청)

④ 제4호: 방문신청 규정에 따라 등기를 신청할 때에 당사자나 그 대리인이 출석하지 아니한 경우

➡ '전자신청'의 경우에는 적용되지 않는다.

⑤ 제5호: 신청정보의 제공이 대법원규칙으로 정한 방식에 맞지 아니한 경우

⑥ 제6호: 신청정보의 부동산 또는 등기의 목적인 권리의 표시가 등기기록과 일치하지 아니한 경우

⑦ 제7호: 신청정보의 등기의무자의 표시가 등기기록과 일치하지 아니한 경우. 다만, 포괄승계인이 등기신청을 하는 경우 및 신청정보와 등기기록의 등기의무자가 동일인임을 대법원규칙으로 정하는 바에 따라 확인할 수 있는 경우는 제외한다.

⑧ 제8호: 신청정보와 등기원인을 증명하는 정보가 일치하지 아니한 경우

⑨ 제9호: 등기에 필요한 첨부정보를 제공하지 아니한 경우

➡ '위조된 첨부정보'를 제9호 위반으로 해석한다.

⑩ 제10호: 취득세, 등록면허세 또는 수수료를 내지 아니하거나 등기신청과 관련하여 다른 법률에 따라 부과된 의무를 이행하지 아니한 경우

⑪ 제11호: 신청정보 또는 등기기록의 부동산의 표시가 토지대장·임야대장 또는 건축물대장과 일치하지 아니한 경우

3. 각하사유를 간과하고 실행한 등기의 효력

구분	등기의 효력	이의신청	직권말소
제1호~제2호 위반	절대적 무효	○	○
제3호~제11호 위반	실체관계와 부합하면 유효	×	×

➕ 1. 관할 위반인 등기는 그 등기가 실체관계와 부합하는 경우라도 등기관은 이를 직권으로 말소할 수 있다(제1호 위반).

2. 甲 소유 건물에 대한 乙 명의의 유치권등기를 등기관은 직권으로 말소할 수 있다(제2호 위반).

3. 甲 소유 농지에 대한 乙의 전세권설정등기를 등기관은 직권으로 말소할 수 있다(제2호 위반).

4. 공동상속인 甲과 乙 중 乙의 상속지분만에 대한 상속등기를 등기관은 직권으로 말소할 수 있다(제2호 위반).

5. 등기신청 대리권이 없는 자가 신청대리를 하여 이루어진 등기라도 그 등기원인사실이 실체관계와 부합되는 경우는 등기관이 이를 직권으로 말소할 수 없다(제3호 위반).

6. 위조된 甲의 인감증명에 의하여 甲으로부터 乙 명의로 마쳐진 소유권이전등기가 실체관계와 부합하는 경우 등기관은 이를 직권으로 말소할 수 없다(제9호 위반).

3 등기신청의 보정 및 취하

보정	등기신청이 각하사유에 해당한다 할지라도 신청의 잘못된 부분이 보정될 수 있는 경우로서 신청인이 등기관이 보정을 명한 날의 다음 날까지 그 잘못된 부분을 보정하였을 때에는 각하되지 않는다(법 제29조 단서).
취하	① 등기신청의 '취하'란 등기신청인이 그가 한 등기신청을 스스로 철회하는 것을 말한다. ② 등기신청의 취하는 등기관이 등기를 마치기 전까지 할 수 있다. ③ 방문신청의 경우 신청인이나 대리인이 등기소에 출석하여 취하서를 제출하는 방법으로 취하한다. ④ 전자신청의 경우 전산정보처리조직을 이용하여 취하정보를 전자문서로 등기소에 송신하는 방법으로 취하한다. 이 경우 전자신청과 동일한 방법으로 사용자인증을 받아야 한다.

4 등기의 실행

실행 및 식별부호 기록	① 등기관은 접수번호의 순서에 따라 등기사무를 처리하여야 한다(법 제11조 제3항). ② 등기관이 등기사무를 처리한 때에는 등기사무를 처리한 등기관이 누구인지 알 수 있는 조치로서 각 등기관이 등기전자서명을 하여 미리 부여받은 식별부호를 기록하여야 한다(법 제11조 제4항, 규칙 제7조 제2항). ③ 식별부호를 기록하는 때 등기를 마친 것으로 본다.
등기의 효력발생시기	① 등기관이 등기를 마친 경우 그 등기는 접수한 때부터 효력을 발생한다(법 제6조 제2항). ② 등기를 마친 경우 그 등기의 효력은 대법원규칙으로 정하는 등기신청정보가 전산정보처리조직에 저장된 때 발생한다. (○)

5 등기필정보의 작성 및 통지

34회

의의	'등기필정보'란 등기부에 새로운 권리자가 기록되는 경우에 그 권리자를 확인하기 위하여 등기관이 작성한 정보를 말한다(법 제2조 제4호).
작성하는 경우	등기관이 등기권리자의 신청에 의하여 다음 중 어느 하나의 등기를 하는 때에는 등기필정보를 작성하여야 한다. 암기 보설이가추가 ➡ 새로운 등기권리자가 등기부에 기록되고, 그 등기권리자가 신청한 경우 ① 등기할 수 있는 권리로 규정하고 있는 권리를 보존, 설정, 이전하는 등기를 하는 경우 ② 위 ①의 권리의 설정 또는 이전 청구권보전을 위한 가등기를 하는 경우 ③ 권리자를 추가하는 경정 또는 변경등기(예 甲 단독소유를 甲·乙 공유로 경정하는 경우나 합유자가 추가되는 합유명의인표시변경등기 등)를 하는 경우

작성이나 통지하지 않는 경우	① 등기권리자가 등기필정보의 통지를 원하지 아니하는 경우 ② 등기필정보를 전산정보처리조직으로 통지받아야 할 자가 수신이 가능한 때부터 3개월 이내에 전산정보처리조직을 이용하여 수신하지 않은 경우 ③ 등기필정보통지서를 수령할 자가 등기를 마친 때부터 3개월 이내에 그 서면을 수령하지 않은 경우 ④ 승소한 등기의무자가 등기신청을 한 경우 ⑤ 채권자가 등기권리자를 대위하여 등기신청을 한 경우 ⑥ 등기관이 직권으로 소유권보존등기를 한 경우 ⑦ 공유자 중 일부가 공유물의 보존행위로서 공유자 전원을 등기권리자로 하여 권리에 관한 등기를 신청한 경우(등기권리자가 그 나머지 공유자인 경우로 한정한다) ⑧ 관공서가 등기를 촉탁한 경우. 다만, 관공서가 등기권리자를 위하여 등기를 촉탁하는 경우에는 그러하지 아니하다. ⑨ 국가 또는 지방자치단체가 등기권리자인 경우
통지의 상대방	① 등기관은 등기를 마치면 등기필정보를 등기명의인이 된 신청인에게 통지한다. 다만, 관공서가 등기권리자를 위하여 등기를 촉탁한 경우에는 그 관공서 또는 등기권리자에게 등기필정보를 통지한다. ② 법정대리인이 등기를 신청한 경우에는 그 법정대리인에게, 법인의 대표자나 지배인이 신청한 경우에는 그 대표자나 지배인에게, 법인 아닌 사단이나 재단의 대표자나 관리인이 신청한 경우에는 그 대표자나 관리인에게 등기필정보를 통지한다.

등기필정보를 작성·통지하지 않는 경우

승소한 등기의무자 단독신청	
1	소유권보존 甲 ⇨ 乙
2	소유권이전 乙

직권보존등기	
1	소유권보존 甲

채권자대위신청	
1	소유권보존 甲 ⇨ 乙 ⇨ 丙
2	소유권이전 乙

법원의 촉탁	
1	소유권보존 甲
2	가압류 5천만원 乙

관공서가 등기권리자	
1	소유권보존 甲
2	소유권이전 서울시

권리자를 위한 촉탁	
1	소유권보존 서울시
2	소유권이전 乙

→ 乙에게 등기필정보를 통지한다.

석's 출제포인트

등기필정보의 제공과 작성·통지의 비교

제공	① 등기를 신청하는 경우 ② 등기의무자가 등기소에 등기필정보를 제공한다. 암기 필승의공
작성·통지	① 등기를 마친 경우 ② 등기관이 등기필정보를 작성하여 등기권리자에게 통지한다. 암기 보설이가추가

6 등기완료의 통지

등기완료통지	등기관이 등기를 마쳤을 때에는 대법원규칙으로 정하는 바에 따라 신청인 등에게 그 사실을 알려야 한다(법 제30조).
등기완료통지 대상	등기완료통지는 신청인 및 다음의 어느 하나에 해당하는 자에게 하여야 한다(규칙 제53조). ① 승소한 등기의무자의 등기신청에 있어서 등기권리자 ② 대위채권자의 등기신청에서 피대위자(= 등기권리자) ③ 직권 소유권보존등기에서 소유권보존등기의 명의인 ④ 관공서가 촉탁하는 등기에서 관공서 ⑤ 등기필정보를 제공하여야 하는 등기신청에서 등기필정보를 제공하지 않고 확인조서나 확인정보 등을 제공한 등기신청에 있어서 등기의무자 ⑥ 공유자 중 일부가 공유물의 보존행위로서 공유자 전원을 등기권리자로 하여 권리에 관한 등기를 신청한 경우 그 나머지 공유자

등기완료통지 대상

승소한 등기의무자 단독신청	
1	소유권보존 甲 ⇨ 乙
2	소유권이전 乙

채권자대위신청	
1	소유권보존 甲 ⇨ 乙 ⇨ 丙
2	소유권이전 乙

직권보존등기	
1	소유권보존 甲

7 그 밖의 절차

소유권변경사실의 통지	등기관은 다음의 등기를 하였을 때에는 지체 없이 그 사실을 대장소관청에 각각 알려야 한다(법 제62조). ① 소유권의 보존 또는 이전등기 ② 소유권의 등기명의인표시의 변경 또는 경정등기 ③ 소유권의 변경 또는 경정등기 ④ 소유권의 말소 또는 말소회복등기

토지대장	
토지표시	소유자
72, 대	甲

등기기록		
【표제부】	【갑구】	【을구】
72, 대	소유권보존 甲	저당권
	소유권이전 乙	전세권

통지

등기필정보 및 등기완료통지의 예

등기필정보 및 등기완료통지

권리자: 신 세 계
(주민)등록번호: 750826－1******
주소: 서울특별시 서초구 방배로 46길 60 우성아파트 103－903
부동산고유번호: 1102-2011-002634
부동산소재: [집합건물] 서울특별시 서초구 방배동 123 삼성래미안아파트 103동 11층 1101호
접수일자: 2011년 9월 14일
접수번호: 69578
등기목적: 소유권이전
등기원인 및 일자: 2011년 8월 10일 매매

부착기준선 ┌ 일련번호: WTDI-UPRV-P6H1
비밀번호(기재순서: 순번－비밀번호)

01-7952	11-7072	21-2009	31-8842	41-3168
02-5790	12-7320	22-5102	32-1924	42-7064
03-1568	13-9724	23-1903	33-1690	43-4443
04-8861	14-8752	24-5554	34-3155	44-6994
05-1205	15-8608	25-7023	35-9695	45-2263
06-8893	16-5164	26-3856	36-6031	46-2140
07-5311	17-1538	27-2339	37-8569	47-3151
08-3481	18-3188	28-8119	38-9800	48-5318
09-7450	19-7312	29-1505	39-6977	49-1314
10-1176	20-1396	30-3488	40-6557	50-6459

2011년 9월 16일
서울중앙지방법원 등기국
등기관

※ 등기필정보 사용방법 및 주의사항
◈ 보안스티커 안에는 다음 번 등기신청 시에 필요한 일련번호와 50개의 비밀번호가 기재되어 있습니다.
◈ 등기신청 시 보안스티커를 떼어내고 일련번호와 비밀번호 1개를 임의로 선택하여 해당 순번과 함께 신청서에 기재하면 종래의 등기필증을 첨부한 것과 동일한 효력이 있으며, 등기필정보 및 등기완료통지서면 자체를 첨부하는 것이 아님에 유의하시기 바랍니다.
◈ 따라서 등기신청 시 등기필정보 및 등기완료통지서면을 거래상대방이나 대리인에게 줄 필요가 없고, 대리인에게 위임한 경우에는 일련번호와 비밀번호 50개 중 1개와 해당 순번만 알려주시면 됩니다.
◈ 만일 등기필정보의 비밀번호 등을 다른 사람이 안 경우에는 종래의 등기필증을 분실한 것과 마찬가지의 위험이 발생하므로 관리에 철저를 기하시기 바랍니다.
☞ 등기필정보 및 등기완료통지서는 종래의 등기필증을 대신하여 발행된 것으로 분실 시 재발급되지 아니하니 보관에 각별히 유의하시기 바랍니다.

각통 제 35 호 (전산)

등기의무자에 의한 등기완료통지서

접 수 일 자: 2011년 9월 14일
접 수 번 호: 3456
등 기 목 적: 소유권이전
등기원인및일자: 2011년 9월 13일 매매

권 리 자: 김갑동
(주민)등록번호: 730305-*******
주 소: 서울특별시 서초구 서초동 200

의 무 자: 이을동
(주민)등록번호: 700407-*******
주 소: 서울특별시 강남구 청담동 300

부 동 산 소 재: [토지] 서울특별시 서초구 서초동 111 (1102-2006-002634)

위와 같이 등기의무자의 등기신청에 의하여 등기를 완료하였으므로 「부동산등기규칙」 제53조에 의하여 통지합니다.

2011년 9월 28일

서울중앙지방법원 등기국
등기관

김갑동
서울특별시 서초구 서초동 200

| 제5절 | 등기관의 처분에 대한 이의신청

31회·34회

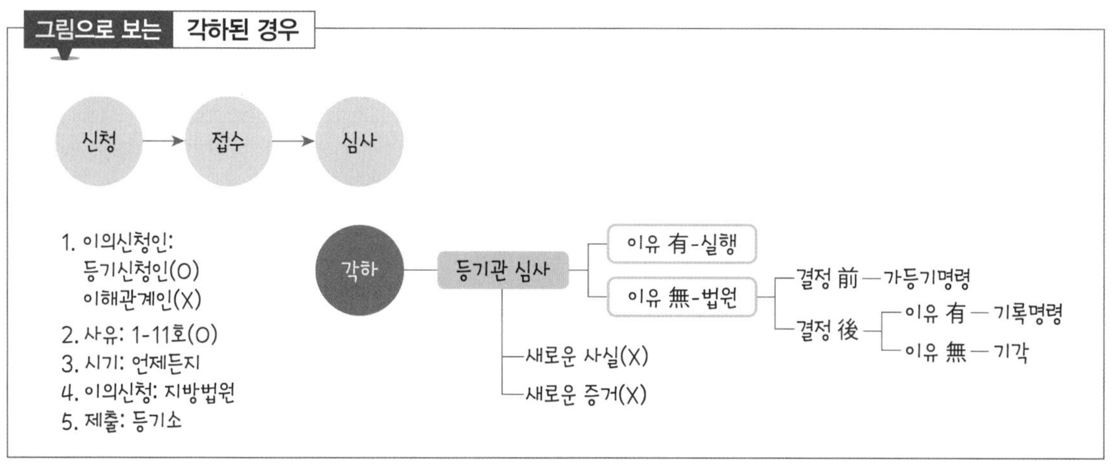

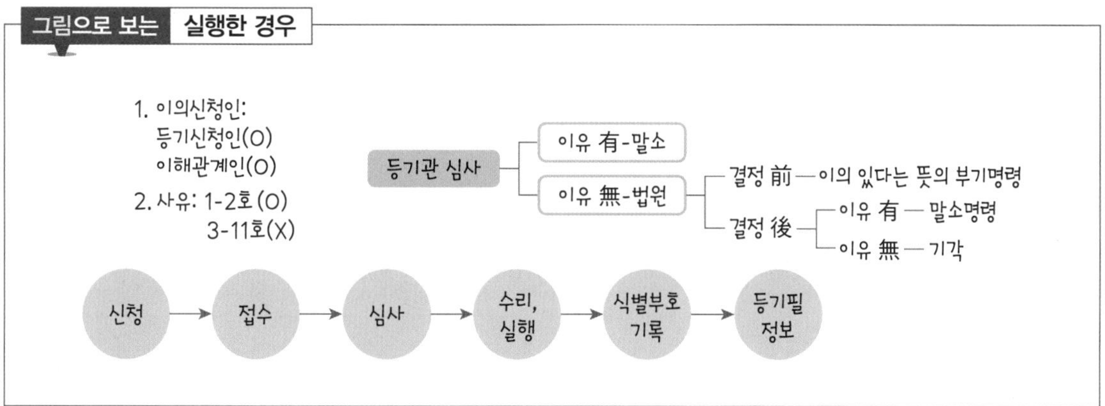

1 이의신청의 대상

대상	이의신청의 대상이 되는 것은 등기관의 '부당한' 결정 또는 처분이다.
각하된 경우	사유를 불문하고 모두(법 제29조 제1호~제11호) 이의신청 대상이 된다.
실행한 경우	① 관할 위반(제1호)의 등기와 사건이 등기할 것이 아닌 경우(제2호)를 위반하였을 때에만 이의신청을 할 수 있다. ② 나머지 각하사유(제3호~제11호)를 간과하고 등기가 실행되었다는 사유로는 이의신청을 할 수 없다.
부당의 판단시점	등기관의 결정 또는 처분에 대한 부당성은 해당 결정 또는 처분시점을 기준으로 판단하여야 하므로, 새로운 사실이나 새로운 증거방법을 근거로 이의신청을 할 수는 없다(법 제102조).

2 이의신청 절차

<table>
<tr><td>이의신청인</td><td>
① 등기관의 처분이 부당하다고 하여 이의신청을 할 수 있는 자는 등기상 '직접 이해관계가 있는 자'에 한한다.
<table>
<tr><td>각하된 경우</td><td>등기신청인인 등기권리자 및 등기의무자에 한하여 이의신청을 할 수 있고, 제3자는 이의신청을 할 수 없다.</td></tr>
<tr><td>실행한 경우</td><td>등기상 이해관계 있는 제3자가 그 처분에 대한 이의신청을 할 수 있다.</td></tr>
</table>
② 구체적 예시
㉠ 채권자가 채무자를 대위하여 마쳐진 등기가 채무자의 신청에 의하여 말소된 경우에는 그 말소처분에 대하여 채권자는 등기상 이해관계인으로서 이의신청을 할 수 있다.
㉡ 상속인이 아닌 자는 상속등기가 위법하다 하여 이의신청을 할 수 없다.
㉢ 저당권설정자는 저당권의 양수인과 양도인 사이의 저당권이전등기의 부기등기에 대하여 이의신청을 할 수 없다.
③ 이의신청에 있어서 실행과 각하의 차이점
<table>
<tr><th>구분</th><th>이해관계인 이의신청 가능 여부</th><th>이의신청 사유</th></tr>
<tr><td>실행</td><td>할 수 있다.</td><td>1호~2호(○)
3호~11호(×)</td></tr>
<tr><td>각하</td><td>할 수 없다.</td><td>1호~11호(○)</td></tr>
</table>
</td></tr>
<tr><td>이의신청 방법 및 기간</td><td>
① 등기관의 결정 또는 처분에 이의가 있는 자는 그 결정 또는 처분을 한 등기관이 속한 지방법원(=관할 지방법원)에 이의신청을 할 수 있다(법 제100조).
② 이의신청은 결정 또는 처분을 한 등기관이 속한 등기소에 이의신청서를 제출하거나 전산정보처리조직을 이용하여 이의신청정보를 보내는 방법으로 한다(법 제101조).
③ 이의신청의 기간에는 제한이 없으므로, 이의의 이익이 있는 한 언제든지 이의신청을 할 수 있다.
</td></tr>
<tr><td>이의신청의 효력</td><td>등기관의 결정 또는 처분에 대한 이의에는 집행정지의 효력이 없으므로, 이의절차가 진행중이라도 등기관은 다른 등기신청의 수리를 거부할 수 없다.</td></tr>
</table>

3 이의신청에 대한 조치

등기관의 조치	① 이의가 이유 있다고 인정한 때: 등기관은 이의가 이유 있다고 인정하면 그에 해당하는 처분을 하여야 한다(법 제103조 제1항). 이의신청이 이유가 있다는 것은 등기관의 결정이 부당하다는 의미이다. ② 이의가 이유 없다고 인정한 때: 등기관은 이의가 이유 없다고 인정하면 이의신청일부터 3일 이내에 의견을 붙여 이의신청서 또는 이의신청정보를 관할 지방법원에 보내야 한다(법 제103조 제2항).
관할 지방법원의 조치	① 처분 전 가등기 또는 부기등기의 명령: 관할 지방법원은 이의에 대하여 결정하기 전에 등기관에게 가등기 또는 이의가 있다는 뜻의 부기등기를 명령할 수 있다(법 제106조). ② 이의에 대한 결정: 관할 지방법원은 이의에 대하여 이유를 붙여 결정을 하여야 한다. 이 경우 이의가 이유 있다고 인정하면 등기관에게 그에 해당하는 처분을 명령하고 그 뜻을 이의신청인과 등기상의 이해관계인에게 알려야 한다(법 제105조 제1항).

POINT 04

각종 권리의 등기절차

| 제1절 | 소유권에 관한 등기절차

1 소유권보존등기

31회 · 33회 · 34회 · 35회

1. 특징

① 소유권보존등기는 부동산 전부에 대하여 소유권 전부를 등기하여야 하므로, 부동산의 특정 일부나 소유권의 일부(=지분)에 대해서는 보존등기를 할 수 없다.

② 소유권보존등기는 공유자 중 1인 또는 수인이 공유자 전원 명의로 소유권보존등기를 신청하여야 한다. 공유자 1인은 자기의 지분만에 대해 소유권보존등기를 신청할 수 없다. 암기 전원보상

2. 신청에 의한 소유권보존등기

(1) 소유권보존등기를 신청할 수 있는 자

① 토지대장, 임야대장, 건축물대장에 최초의 소유자로 등록되어 있는 자 또는 그 상속인, 그 밖의 포괄승계인(법 제65조 제1호)

최초의 소유자	㉠ 대장상 소유권이전등록을 받은 소유명의인은 직접 자기 명의로 소유권보존등기를 신청할 수는 없다. ㉡ 다만, 미등기토지의 지적공부상 '국'으로부터 소유권이전등록을 받은 경우에는 직접 자기 명의로 소유권보존등기를 신청할 수 있다.
상속인	최초의 소유자로 등록되어 있는 자의 상속인은 직접 자기 명의로 소유권보존등기를 신청할 수 있다.
포괄 승계인	㉠ 미등기부동산의 대장상 소유자로 등록된 자로부터 포괄유증을 받은 수증자는 직접 포괄수증자 명의로 보존등기를 신청할 수 있다. ㉡ 미등기부동산의 대장상 소유자로 등록된 자로부터 특정유증을 받은 수증자는 직접 자기 명의로 보존등기를 신청할 수 없고, 상속인 명의로 보존등기를 한 후 수증자 명의로 소유권이전등기를 하여야 한다.

그림으로 보는 보존등기 신청인(대장 첨부)

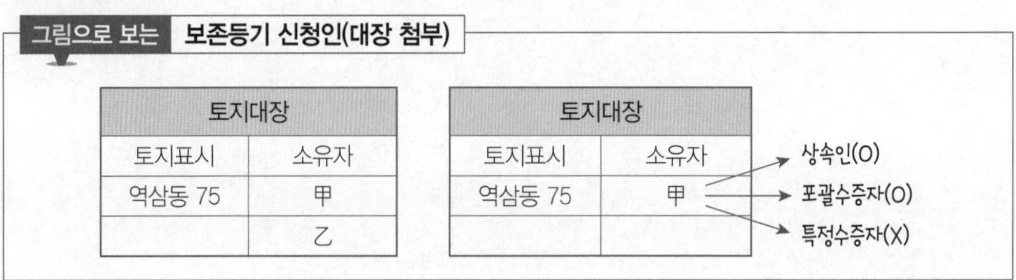

토지대장
토지표시
소유자
역삼동 75
甲
乙
토지대장
토지표시
소유자
역삼동 75
甲
상속인(O)
포괄수증자(O)
특정수증자(X)

② 확정판결에 의하여 자기의 소유권을 증명하는 자(법 제65조 제2호)

판결의 종류	㉠ 소유권확인판결에 한하는 것은 아니며, 형성판결이나 이행판결이라도 그 이유 중에서 보존등기신청인의 소유임을 확정하는 내용의 것이면 이에 해당한다. ㉡ 위 판결에 해당하는 예시 • 당해 부동산이 보존등기신청인의 소유임을 이유로 소유권보존등기의 말소를 명하는 판결 • 토지대장상 공유인 미등기토지에 대한 공유물분할의 판결
판결의 상대방 (=피고)	㉠ 대장상의 최초의 소유자를 특정할 수 없는 경우 • 토지는 국가를 상대로 소송하여야 한다. • 건물은 지방자치단체를 상대방으로 소송하여야 한다. ㉡ 위 판결에 해당하지 않는 경우의 예시(무효인 판결): 건물에 대하여 국가를 상대로 한 소유권확인판결은 무효

그림으로 보는 피고(=소송의 상대방)

<피고 - 국가>

토지대장	
토지표시	소유자
역삼동 75	

<피고 - 지방자치단체>

건축물대장	
건물표시	소유자
역삼동 75	

③ 수용으로 인하여 소유권을 취득하였음을 증명하는 자(법 제65조 제3호)

미등기부동산	미등기부동산을 수용한 사업시행자는 직접 자기 명의로 소유권보존등기를 신청한다.
등기된 부동산	등기된 부동산을 수용한 경우에는 사업시행자 명의로 소유권이전등기를 하여야 한다.

④ 특별자치도지사, 시장, 군수 또는 구청장의 확인에 의하여 자기의 소유권을 증명하는 자(법 제65조 제4호) ➡ 본 규정은 건물에만 적용되고, 토지에는 적용되지 않는다.

(2) 신청정보의 특징(규칙 제121조 제1항)

제공(×)	등기원인과 그 연월일은 신청정보의 내용으로 등기소에 절대 제공하지 않는다.
제공(○)	법 제65조 각 호의 어느 하나에 따라 신청한다는 근거규정을 제공하여야 한다.

3. 직권에 의한 소유권보존등기

직권 보존등기	① 등기관이 미등기부동산에 대하여 법원의 촉탁에 따라 소유권의 처분제한의 등기(예 가압류, 가처분, 강제경매개시결정등기 등)를 할 때에는 직권으로 소유권보존등기를 한다(법 제66조 제1항). ② 미등기주택이나 상가건물에 대하여 임차권등기명령에 의한 임차권등기촉탁이 있는 경우에는 등기관은 직권으로 소유권보존등기를 한 후 주택임차권등기나 상가건물임차권등기를 하여야 한다.

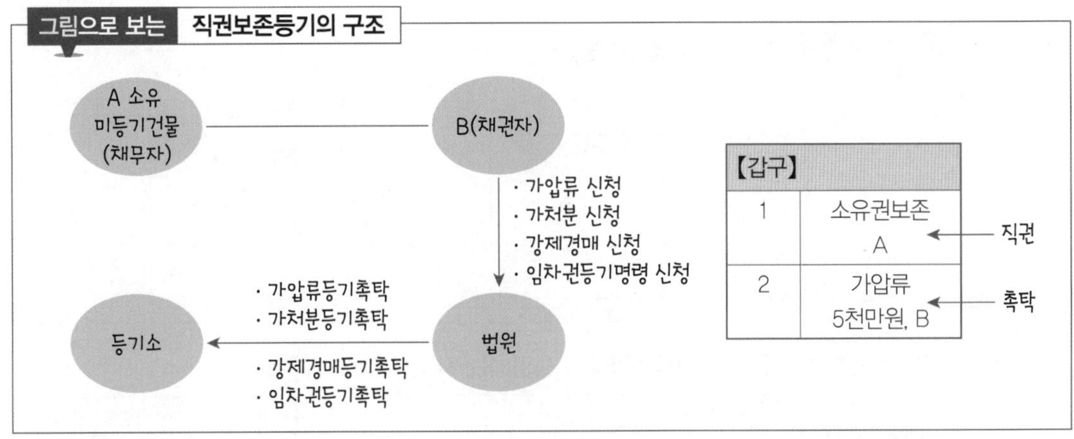

4. 구분건물의 소유권보존등기

1동의 건물에 속하는 구분건물 중 일부만에 관하여 소유권보존등기를 신청하는 경우에는 나머지 구분건물의 표시에 관한 등기를 동시에 신청하여야 한다. 이 경우 구분건물의 소유자는 1동에 속하는 다른 구분건물의 소유자를 대위하여 그 건물의 표시에 관한 등기를 신청할 수 있다(법 제46조).

2 소유권이전등기 서설

31회 · 32회 · 34회

1. 특징

소유권이전등기	항상 주등기로 실행하고, 종전의 소유자를 말소하지 않는다.
소유권 외의 권리 이전등기	항상 부기등기로 실행하고, 종전의 권리자를 말소한다.

소유권이전등기 vs. 소유권 외의 권리의 이전등기

【갑구】	
1	소유권보존 甲
2	소유권이전 매매 乙
3	소유권이전 상속 丙

【을구】	
1	저당권설정 2억원 ~~C~~
2	전세권설정 3억원 D
1-1	1번 저당권이전 E

2. 소유권의 일부이전등기

의의	'소유권의 일부이전'이란 단독소유를 공유로 하거나 또는 이미 성립하고 있는 공유물의 지분을 이전하는 것을 말한다.
신청 및 실행	① 소유권의 일부에 대한 이전등기를 신청하는 경우에는 이전되는 지분을 신청정보의 내용으로 등기소에 제공하여야 한다(규칙 제123조). ② 등기관이 소유권의 일부에 관한 이전등기를 할 때에는 이전되는 지분을 기록하여야 한다. 이 경우 등기원인에 공유물 분할금지약정이 있을 때에는 그 약정에 관한 사항도 기록하여야 하는데, 이를 등기하면 대항력이 발생한다(법 제67조 제1항).

소유권의 일부이전등기

【갑구】	
1	소유권보존 甲
2	소유권이전 공유자 지분 4분의 3 乙 공유자 지분 4분의 1 丙
3	2번 乙 지분 4분의 3 중 일부(8분의 3) 이전 공유자 지분 8분의 3 丁

3. 공동소유

공유	① 공유자는 언제든지 그 지분을 처분할 수 있으며, 공유물의 분할을 청구할 수 있다. ② 공유지분을 목적으로 근저당권이나 가압류, 가처분등기를 할 수 있지만 이를 목적으로 전세권 등 용익권을 설정할 수는 없다. ③ 토지에 대한 공유물 분할약정으로 인한 소유권이전등기는 공유자가 공동으로 신청할 수 있다. ④ 공유자 중 1인의 지분포기로 인한 소유권이전등기는 공유지분권을 포기하는 공유자를 등기의무자로 하고 다른 공유자를 등기권리자로 하여 공동으로 신청하여야 한다. ⑤ 등기된 공유물 분할금지기간을 단축하는 약정에 관한 변경등기는 공유자 전원이 공동으로 신청하여야 한다. ⑥ 등기된 공유물 분할금지기간약정을 갱신하는 경우, 이에 대한 변경등기는 공유자 전원이 공동으로 신청하여야 한다.
합유	① 합유재산에 대하여 합유자의 지분은 있지만 이를 등기하지 않는다. ② 합유지분에 대한 이전등기나 저당권설정등기, 가압류등기는 허용되지 않는다. ③ 합유자 중 1인은 합유자 전원의 동의를 얻으면 지분을 처분할 수 있는데, 이 경우 이전등기 형식으로 하는 것이 아니라 합유명의인변경등기 형식으로 실행한다.
총유	① 종중, 문중 그 밖에 대표자나 관리인이 있는 법인 아닌 사단이나 재단에 속하는 부동산의 등기에 관하여는 그 사단이나 재단을 등기권리자 또는 등기의무자로 한다. ② 법인 아닌 사단이나 재단에 속하는 부동산의 등기는 그 사단이나 재단의 명의로 그 대표자나 관리인이 신청한다. ③ 법인 아닌 사단·재단의 대표자나 관리인의 성명, 주소, 주민등록번호를 신청정보로 제공하고 이를 등기기록에 기록한다. ④ 사원총회결의서는 법인 아닌 사단이 등기의무자로 신청하는 경우만 제공하고, 등기권리자로 신청하는 경우는 제공하지 않는다.
공유 ⇔ 합유	① 소유형태를 공유에서 합유로 변경하는 경우, 공유자들의 공동신청으로 '변경계약'을 등기원인으로 하여 '소유권변경등기'를 신청할 수 있다. ② 수인의 합유자 명의로 등기되어 있는 부동산도 합유자 전원의 합의에 의하여 수인의 공유지분의 소유형태로 '소유권변경등기'를 신청할 수 있다.

공유와 합유 비교

<공유>

【갑구】	
1	소유권보존 甲
2	소유권이전 공유자 지분 4분의 3 乙 공유자 지분 4분의 1 丙

<합유>

【갑구】	
1	소유권보존 A
2	소유권이전 합유자 B 합유자 C

3 매매로 인한 소유권이전등기와 거래가액등기

32회 · 33회

거래계약신고 필증정보 제공	① 매매계약서를 등기원인을 증명하는 정보로 하는 소유권이전등기를 신청하는 경우에는 거래가액을 신청정보의 내용으로 등기소에 제공하여야 한다(규칙 제124조 제2항). ② 매매계약서를 등기원인을 증명하는 정보로 하는 소유권이전등기를 신청하는 경우에는 시장·군수 또는 구청장으로부터 제공받은 거래계약신고필증정보를 첨부정보로서 등기소에 제공하여야 한다(규칙 제124조 제2항).
매매목록 제공	① 거래부동산이 2개 이상인 경우 ② 거래부동산이 1개라 하더라도 여러 명의 매도인과 여러 명의 매수인 사이의 매매계약인 경우
거래가액등기	① **매매목록의 제공이 필요 없는 경우:** 등기기록 중 갑구의 '권리자 및 기타사항'란에 거래가액을 기록하는 방법으로 거래가액을 등기한다. ② **매매목록이 제공된 경우:** 등기기록 중 갑구의 '권리자 및 기타사항'란에 매매목록의 번호를 기록하고, 거래가액과 부동산의 표시를 기록한 매매목록을 전자적으로 작성하여 번호를 부여하는 방법으로 거래가액을 등기한다.

거래가액등기와 매매목록의 양식

1. 거래가액등기 양식

(토지: 서울특별시 강남구 신사동 153)

【갑구】		(소유권에 관한 사항)		
순위번호	등기목적	접수	등기원인	권리자 및 기타사항
2	소유권 이전	2005년 5월 10일 제55500호	2005년 5월 9일 매매	소유자 오팔자 730102-1****** 서울시 중구 다동 6
3	소유권 이전	2024년 8월 5일 제84000호	2024년 6월 4일 매매	소유자 나산다 750320 - 1****** 서울시 강남구 개포로 100 현대1차아파트 5동 502호 매매목록 제2024-201호

(건물: 서울특별시 강남구 신사동 153)

【갑구】		(소유권에 관한 사항)		
순위번호	등기목적	접수	등기원인	권리자 및 기타사항
2	소유권 이전	2005년 5월 10일 제55500호	2005년 5월 9일 매매	소유자 오팔자 730102-1****** 서울시 중구 다동 6
3	소유권 이전	2024년 8월 5일 제84000호	2024년 6월 4일 매매	소유자 나산다 750320 - 1****** 서울시 강남구 개포로 100 현대1차아파트 5동 502호 매매목록 제2024-201호

2. 매매목록 양식

매매목록				
목록번호	2024-201			
거래가액	금 150,000,000원			
일련번호	부동산의 표시	순위번호	예비란	
			등기원인	경정원인
1	[토지] 서울특별시 강남구 신사동 153	3	2024년 6월 4일 매매	
2	[건물] 서울특별시 강남구 신사동 153	3	2024년 6월 4일 매매	

4 상속으로 인한 소유권이전등기 35회

1. 용어 정리

상속	일정한 친족 관계가 있는 사람 사이에서 한 사람이 사망한 후에 다른 사람에게 재산에 관한 권리와 의무의 일체를 이어주거나 이어받는 것으로 '법률의 규정'에 해당한다.
유증	유언에 의하여 재산의 전부 또는 일부를 무상으로 다른 사람에게 물려주는 행위로서 법률행위 중 '단독행위'에 해당한다.
사인증여	증여자가 사망하면 효력이 발생하는 '증여계약'이다.

2. 신청인 및 신청정보

원칙	등기권리자(= 상속인)가 단독으로 신청한다(법 제23조 제3항).
수인의 상속인	① 상속인 전원이 동시에 신청하거나 상속인 중 일부가 전원 명의의 상속등기를 신청할 수 있다. 암기 전원보상 ② 공동상속인 중 일부가 일부의 상속등기나 자기의 상속지분만에 관하여 상속등기를 신청하는 경우, 법 제29조 제2호 위반으로 각하된다.
신청정보	신청정보에 등기원인은 '상속', 등기원인일자는 '상속개시일(피상속인의 사망일)'을 적어서 등기소에 제공한다.

3. 협의분할에 의한 상속등기

법정상속분에 따른 상속등기를 하기 전에 협의분할을 한 경우에는 협의분할에 의한 소유권이전등기를 신청하여야 하나, 법정상속분에 따른 상속등기를 한 후에 협의분할을 한 경우에는 소유권경정등기를 신청하여야 한다. 암기 전이후경

협의분할에 의한 상속등기

구분	상속등기 전 협의분할한 경우	상속등기 후 협의분할한 경우
등기의 목적	소유권이전등기	소유권경정등기
등기원인	협의분할에 의한 상속	

5 유증으로 인한 소유권이전등기

34회 · 35회

1. 유증의 의의 및 종류

의의	'유증'이란 유언자가 유언에 의하여 자기의 재산을 수증자에게 사후에 무상으로 양도하는 단독행위를 말한다.
종류	① 특정유증: 특정 재산을 양도하는 경우 ② 포괄유증: 재산 전부 또는 일정 지분을 양도하는 경우

2. 기재례

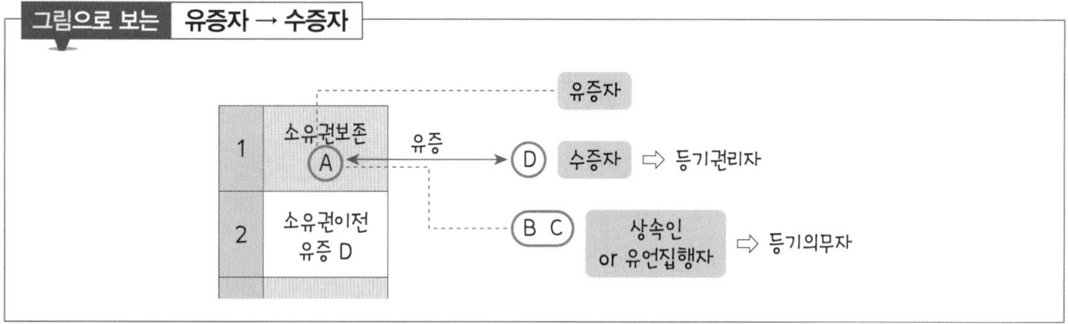

3. 유언의 효력발생시기 및 유증으로 인한 물권변동시기

유언의 효력발생시기	① 유언은 유언자가 사망한 때로부터 그 효력이 생긴다. ② 다만, 유언에 정지조건이 있는 경우에 그 조건이 유언자의 사망 후에 성취한 때에는 그 조건성취한 때로부터 유언의 효력이 생긴다(민법 제1073조).
유증으로 인한 물권변동시기	① 포괄유증은 유증자의 사망 시에 물권변동의 효력이 발생한다. ② 특정유증은 등기 시에 물권변동의 효력이 발생한다.

4. 신청인 및 등기원인과 그 연월일

신청인	유증으로 인한 소유권이전등기는 포괄유증이나 특정유증을 불문하고 수증자를 등기권리자로, 상속인 또는 유언집행자를 등기의무자로 하여 공동으로 신청하여야 한다.
등기원인, 그 연월일	등기원인은 '○년 ○월 ○일 유증'으로 기재하고, 그 연월일은 유증자가 사망한 날을 기재한다. 다만, 유증에 조건 또는 기한이 붙은 경우에는 그 조건을 성취한 날 또는 그 기한이 도래한 날을 기재한다.

5. 등기신청방법

등기된 부동산 (이전등기)	① 유증으로 인한 소유권이전등기는 포괄유증이든 특정유증이든 상속등기를 생략하고 직접 유증자로부터 수증자 명의로 등기를 신청하여야 한다. ② 유증으로 인한 소유권이전청구권보전의 가등기는 유언자가 사망한 후인 경우에는 이를 수리하지만, 유언자가 생존 중인 경우에는 이를 수리하여서는 아니 된다.
미등기부동산 (보존등기)	① 포괄유증을 받은 자는 직접 수증자 명의로 소유권보존등기를 신청할 수 있다. ② 특정유증을 받은 자는 직접 수증자 명의로 보존등기를 신청할 수 없고, 상속인 명의로 보존등기 후 수증자 명의로 소유권이전등기를 하여야 한다. 암기 특X미쳐

6 수용에 의한 소유권이전등기

31회 · 32회 · 34회

신청인	① 미등기부동산에 대하여는 사업시행자 명의로 소유권보존등기를 단독으로 신청한다. ② 등기된 부동산에 대하여는 사업시행자 명의로 소유권이전등기를 한다. ③ 수용으로 인한 소유권이전등기는 사업시행자(예 한국토지주택공사, 현대건설)가 단독으로 신청할 수 있다. ④ 국가 또는 지방자치단체가 등기권리자인 경우에 소유권이전등기를 촉탁하여야 한다.
신청정보	신청정보에 등기원인은 '토지수용'으로, 등기원인일자는 '수용의 개시일'을 적는다.
등기의 실행	① 수용으로 인한 소유권이전등기의 신청 또는 촉탁에 의하여 소유권이전등기를 할 때에는 그 부동산의 등기기록 중 소유권, 소유권 외의 권리, 그 밖의 처분제한에 관한 등기가 있으면 등기관은 그 등기를 직권으로 말소하여야 한다. ② 다만, 그 부동산을 위하여 존재하는 지역권의 등기와 토지수용위원회의 재결로써 존속이 인정된 권리의 등기는 말소하지 아니한다.
재결의 실효	재결이 실효된 경우 토지수용으로 인한 소유권이전등기의 말소등기 신청은 사업시행자를 등기의무자로 하고 수용 당시의 소유자를 등기권리자로 하여 공동으로 신청한다.

그림으로 보는 수용절차

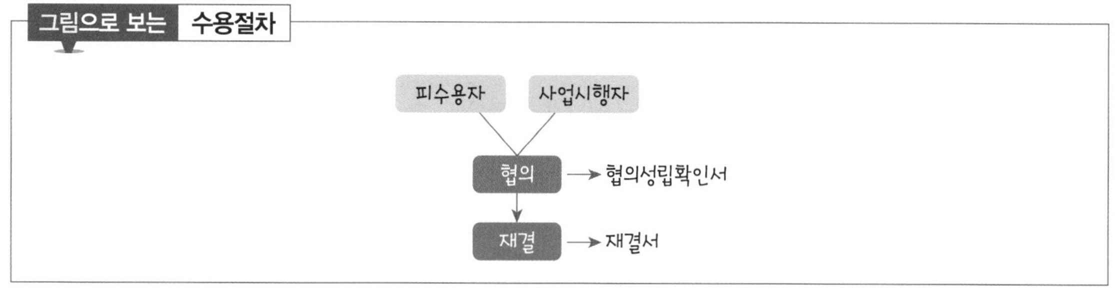

석's 출제포인트

수용에 의한 소유권이전등기 시 직권말소 여부

구분	소유권이전등기	소유권 외(지상권, 지역권, 전세권, 임차권, 저당권, 가압류, 가처분 등)
원칙	말소하지 않는다.	직권으로 말소한다.
예외	① 수용의 개시일 이후에 마쳐진 소유권이전등기는 직권으로 말소한다. ② 다만, 수용의 개시일 이후에 마쳐진 소유권이전등기라도 수용의 개시일 이전에 발생한 상속이 등기원인인 경우는 말소하지 않는다.	그 부동산을 위하여 존재하는 지역권등기는 직권말소의 대상이 아니다.

7 진정명의회복을 원인으로 한 소유권이전등기

34회 · 35회

의의	'진정명의회복을 원인으로 한 소유권이전등기'란 등기원인의 무효 등으로 등기기록에 기록된 등기명의인이 무권리자인 경우에 진정한 소유자가 무권리자 명의의 등기를 말소하지 아니하고 자기 명의로 소유권이전등기하는 것을 말한다.
신청인 및 신청방법	① 이미 자기 앞으로 소유권을 표상하는 등기가 되어 있던 자(과거의 등기부상 소유자)가 등기권리자가 되고 현재의 등기명의인이 등기의무자가 되어 공동으로 신청할 수 있다. ② 현재의 등기명의인이 협력하지 않으면 현재의 등기명의인을 상대로 '진정명의회복'을 등기원인으로 한 소유권이전등기절차의 이행을 명하는 판결을 받아 단독으로 신청할 수 있다.
신청정보	① 등기의 목적은 '소유권이전'으로 기록한다. ② 등기원인은 '진정명의회복'으로 기록하지만, 등기원인일자는 기록하지 않는다.
첨부정보	진정명의회복은 법률의 규정에 해당하므로 토지거래허가증이나 농지취득자격증명을 제공할 필요 없다.

진정명의회복의 예

【갑구】	
1	소유권보존 A
2	소유권이전 매매 B
3	소유권이전 매매 C
4	소유권이전 진명회 A

【갑구】	
1	소유권보존 甲
2	소유권이전 매매 乙
3	소유권이전 진명회 甲

【을구】	
1	저당권설정 2억원 丙

석's 출제포인트

등기원인 및 그 연월일

구분	등기원인	등기연월일
원칙	기록한다.	기록한다.
소유권보존등기	×	×
진정명의회복	진정명의회복	×

8 환매특약의 등기(환매등기)

33회 · 35회

환매권의 성질	환매권은 채권이므로 부동산 환매특약의 경우 매매로 인한 소유권이전등기와 동시에 환매권을 등기한 때에는 제3자에 대하여 대항력을 갖는다.
신청방법	① 환매특약등기의 신청정보는 소유권이전등기의 신청정보와 별개로 작성하여 동시에 신청하여야 한다. ② 환매특약등기를 매매로 인한 소유권이전등기와 동시에 신청하지 않고 별도로 신청하는 경우에는 '사건이 등기할 것이 아닌 경우'에 해당되어 각하된다.
신청인	① 매도인이 등기권리자가 되고, 매수인이 등기의무자가 되어 공동으로 신청한다. ② 매도인이 아닌 제3자를 환매권리자로 하는 환매등기를 할 수 없다.
신청정보	① 필요적 제공사항: 매수인이 지급한 대금과 매매비용을 적어야 한다. ② 임의적 제공사항: 환매기간은 등기원인에 그 사항이 정하여져 있는 경우에만 기록한다.
등기의 실행	① 환매특약등기는 소유권이전등기에 부기등기로 실행한다. ② 환매권의 이전등기는 부기등기의 부기등기 형식으로 한다.

환매권의 말소등기	① 직권에 의한 말소: 환매권을 행사하여 소유권이전등기를 신청하는 경우 환매특약의 등기는 등기관이 직권으로 말소한다. → 축하말소 ② 공동신청에 의한 말소: 존속기간의 경과 등 환매권의 행사 없이 환매권이 소멸하는 경우, 환매특약등기를 공동으로 말소한다.

그림으로 보는 환매등기

<환매특약등기>

【갑구】	
1	소유권보존 甲
2	소유권이전 환매특약부매매 乙
2-1	환매특약 특약 甲

<환매권 말소등기>

【갑구】	
1	소유권보존 甲
2	소유권이전 환매특약부매매 乙
~~2-1~~	~~환매특약~~ ~~특약 甲~~
3	소유권이전 환매 甲
4	2-1 환매권말소

9 신탁등기

31회 · 32회 · 33회 · 35회

1. 기록례

【갑구】		(소유권에 관한 사항)		
순위번호	등기목적	접수	등기원인	권리자 및 기타사항
2	소유권 이전	2020년 1월 9일 제670호	2020년 1월 8일 매매	소유자 전맡겨 770104-1****** 서울특별시 서초구 반포대로 60(반포동) 거래가액 금 700,000,000원
3	소유권 이전	2023년 5월 31일 제3005호	2023년 5월 30일 신탁	소유자 나믿음 800321-1****** 서울특별시 서초구 방배로 246(방배동)
	신탁			신탁원부 제2025-005호
3-1	3번 주의사항			이 부동산에 관하여 임대차 등의 법률행위를 하는 경우에는 등기사항증명서뿐만 아니라 등기기록의 일부인 신탁원부를 통하여 신탁의 목적, 수익자, 신탁재산의 관리 및 처분에 관한 신탁 조항 등을 확인할 필요가 있음 2025년 1월 20일 부기

2. 신탁등기의 신청 및 실행, 신탁등기의 말소

단독신청	① 신탁재산에 속하는 부동산의 신탁등기는 수탁자가 단독으로 신청한다(법 제23조 제7항). ② 수탁자가 타인에게 신탁재산에 대하여 재신탁을 하는 경우, 해당 신탁재산에 속하는 부동산의 신탁등기는 새로운 신탁의 수탁자가 단독으로 신청한다(법 제23조 제8항).
동시신청, 일괄신청	① 신탁등기의 신청은 해당 신탁으로 인한 권리의 이전 또는 보존이나 설정등기의 신청과 동시에 하여야 한다(법 제82조 제1항). ② 신탁등기의 신청은 해당 신탁으로 인한 권리의 이전 또는 보존이나 설정등기의 신청과 함께 1건의 신청정보로 일괄하여 하여야 한다(규칙 제139조 제1항).
대위신청	수익자나 위탁자는 수탁자를 대위하여 신탁등기를 신청할 수 있다. 이 경우 위의 동시신청 규정은 적용되지 않는다(법 제82조 제2항).
등기실행, 신탁원부	① 신탁등기는 권리의 이전 또는 보존이나 설정등기와 함께 하나의 순위번호를 사용한다(규칙 제139조 제7항). ② 등기관이 신탁등기를 할 때에는 신탁원부를 작성하고, 등기기록에는 그 신탁원부의 번호 및 신탁재산에 속하는 부동산의 거래에 관한 주의사항을 기록하여야 한다(법 제81조 제1항). 이 경우 신탁원부는 등기기록의 일부로 본다(법 제81조 제3항).
말소등기	① 신탁등기의 말소등기는 수탁자가 단독으로 신청할 수 있다(법 제87조 제3항). ② 신탁재산에 속한 권리가 이전, 변경 또는 소멸됨에 따라 신탁재산에 속하지 아니하게 된 경우 신탁등기의 말소신청은 신탁된 권리의 이전등기, 변경등기 또는 말소등기의 신청과 동시에 하여야 한다(법 제87조 제1항). ③ 신탁재산이 수탁자의 고유재산이 되었을 때에는 그 뜻의 등기는 주등기로 하여야 한다(규칙 제143조). ④ 등기관이 신탁등기의 말소등기를 할 때에는 '신탁재산에 대한 주의사항'을 기록한 부기등기를 직권으로 말소하고, 신탁등기를 말소함으로 인하여 말소한다는 뜻을 기록하여야 한다(규칙 제144조 제3항).

3. 수탁자가 여러 명인 경우

수탁자가 여러 명인 경우 등기관은 신탁재산이 합유인 뜻을 기록하여야 한다(법 제84조).

석's 출제포인트

신탁등기의 특징

1. 수탁자의 단독신청
2. 1건의 신청정보로 일괄신청(= 동시신청)
3. 위탁자나 수익자의 대위신청 시 동시신청(×)
4. 하나의 순위번호

(1~4) ⇨ 신탁등기의 말소등기에도 동일하게 적용

5. 수탁자가 여러 명이면 합유
6. 수탁자 고유재산이 된 경우 그 뜻의 등기는 주등기
7. 신탁가등기는 가능

4. 신탁원부 기록의 변경등기

법원의 촉탁	법원은 다음에 해당하는 재판을 한 경우 지체 없이 신탁원부 기록의 변경등기를 등기소에 촉탁하여야 한다(법 제85조 제1항). ① 수탁자 해임의 재판 ② 신탁관리인의 선임 또는 해임의 재판 ③ 신탁 변경의 재판
등기관의 직권	등기관이 신탁재산에 속하는 부동산에 관한 권리에 대하여 다음에 해당하는 등기를 할 경우 직권으로 그 부동산에 관한 신탁원부 기록의 변경등기를 하여야 한다(법 제85조의2). ① 수탁자의 변경으로 인한 이전등기 ② 여러 명의 수탁자 중 1인의 임무 종료로 인한 변경등기 ③ 수탁자인 등기명의인의 성명 및 주소(법인인 경우에는 그 명칭 및 사무소 소재지를 말한다)에 관한 변경등기 또는 경정등기

| 제2절 | 소유권 외의 권리에 관한 등기절차

석's 출제포인트

각 권리별 등기사항

구분	필요적 사항	임의적 사항
지상권설정등기	• 범위 • 목적	• 존속기간 • 지료와 지급시기
지역권설정등기	• 범위 • 목적 • 요역지	• 지역권 소멸약정 • 존속기간(×), 지료(×)
전세권설정등기	• 범위 • 전세금	• 존속기간 • 위약금 또는 배상금
임차권설정등기	• 범위 • 차임	• 존속기간 • 차임지급시기 • 보증금
저당권설정등기	• 채권액 • 채무자	• 변제기 • 이자 및 지급시기 • 이자의 지급장소 • 위약금
근저당권설정등기	• 채권최고액 • 채무자	• 존속기간

1 지상권등기

31회 · 34회 · 35회

1. 지상권설정등기

구분		내용
지상권의 성질		① 지상권은 배타적인 권리이므로 지상권이 설정된 토지에 이중으로 설정하지 못한다. ② 지상권은 토지의 전부 또는 일부에 범위를 정하여 설정할 수 있지만, 공유지분에는 설정하지 못한다.
신청인		지상권설정등기는 지상권자를 등기권리자로 하고 지상권설정자(토지소유자)를 등기의무자로 하여 공동으로 신청한다.
신청정보 및 지적도	필요적 사항	① 범위: 토지 '전부'를 목적으로 하는 경우는 '전부'라고 적는다. 이 경우 지적도를 제공하지 않는다. 토지 '일부'를 목적으로 하는 경우 '동남쪽 300m²' 등으로 적는다. 이 경우 지적도를 제공한다. ② 목적: 건물, 공작물, 수목 중 어느 것을 소유할 것인가를 명확히 적는다.
	임의적 사항	① 존속기간: "철탑 존속기간으로 한다."라고 불확정기간으로 정할 수 있다. ② 지료 등: 등기원인에 약정이 있는 경우 이를 제공하여야 한다.

2. 구분지상권

구분	내용
목적	예 송전선 소유, 송유관 소유 등
특징	① 구분지상권도 지상권이므로 구분지상권설정등기를 하여야 권리가 발생한다. ② 지상권처럼 범위와 목적을 기록하여야 한다. ③ 범위가 다르면 동일한 토지상에 여러 개의 구분지상권을 설정할 수 있다. ④ 구분지상권설정등기를 신청하는 경우 지적도의 제공을 요하지 않는다.

그림으로 보는 지상권 및 구분지상권

송전탑이 설치된 부분에는 지상권 설정하고, 송전선이 설치된 공간에는 구분지상권 설정한다.

2 지역권등기

31회 · 34회 · 35회

1. 지역권의 의의

지역권은 설정행위에서 정한 일정한 목적(예 통행 · 인수 · 관망 등)을 위하여 타인의 토지를 자기 토지의 편익에 이용하는 물권이다(민법 제291조). 편익을 받는 토지를 요역지, 편익을 제공하는 토지를 승역지라고 한다.

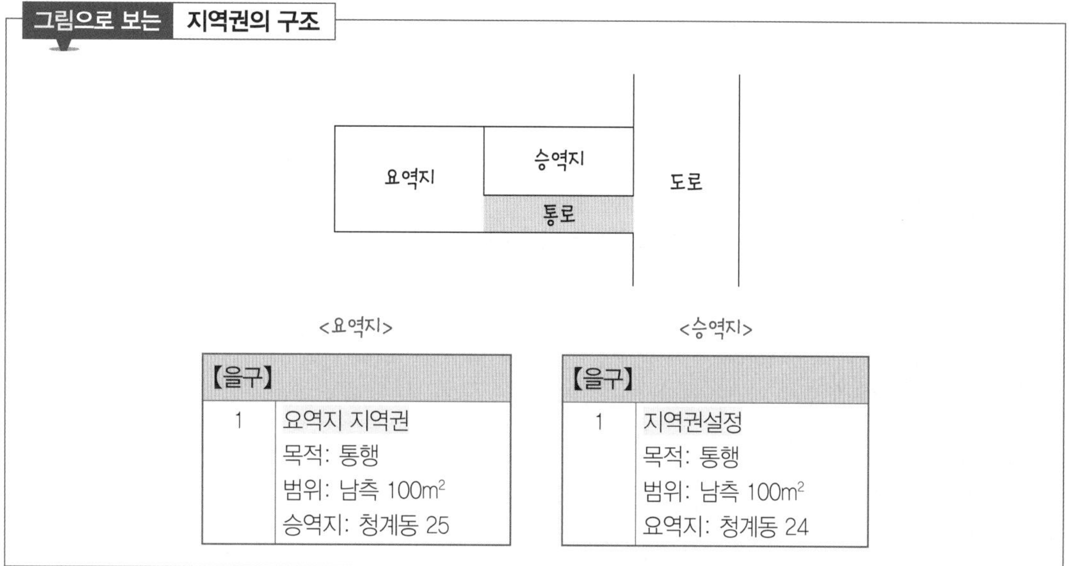

【을구】	
1	요역지 지역권 목적: 통행 범위: 남측 100m² 승역지: 청계동 25

【을구】	
1	지역권설정 목적: 통행 범위: 남측 100m² 요역지: 청계동 24

2. 지역권설정등기 절차

신청인		① 지역권자가 등기권리자가 되고 지역권설정자가 등기의무자가 되어 공동으로 신청하여야 한다. 지역권은 토지소유자 이외에 지상권자 · 전세권자도 각각의 권한 내에서 지역권설정의 당사자가 될 수 있다. ② 시효완성을 이유로 통행지역권을 취득하기 위해서는 지역권설정등기를 하여야 한다(민법 제294조).
신청정보	필요적 사항	① 범위: '승역지'는 1필의 토지의 전부 또는 일부에 설정할 수 있다. 반면, '요역지'는 1필지의 토지 전부여야 하며, 그 일부를 위한 지역권의 설정등기는 할 수 없다. ② 목적: 승역지가 요역지에 제공하는 편익의 종류(예 통행, 인수, 관망 등)를 적어야 한다. ③ 요역지: 요역지를 특정하여 해당 토지를 표시하여야 한다.
	임의적 사항	지역권 소멸약정: 지역권은 요역지소유권에 부종하여 이전하는 것이 원칙이지만, 다른 약정이 있는 때에는 그 약정에 의한다(민법 제292조 제1항).

3. 등기의 실행

관할 등기소	승역지를 관할하는 등기소가 관할 등기소가 된다.
신청, 직권	① 지역권등기는 승역지의 을구에 공동신청으로 등기한다. ② 요역지지역권은 등기관이 직권으로 등기한다.
등기형식	① 주등기 ➡ 승역지의 소유자가 지역권을 설정한 경우 ② 부기등기 ➡ 승역지의 지상권자나 전세권자가 지역권을 설정하는 경우
실행	① 승역지: 목적, 범위, 요역지를 기록한다. ② 요역지: 목적, 범위, 승역지를 기록한다. ③ 지역권자, 존속기간 및 지료는 등기사항이 아니다. ④ 요역지의 소유권이 이전되는 경우 별도의 지역권이전등기를 하지 않더라도 지역권이전의 효력은 발생한다. ⊕ '지역권이전등기'라는 말은 없다.

3 전세권등기

31회 · 32회 · 33회 · 34회 · 35회

1. 전세권의 허용 여부

설정 대상	① 부동산의 전부 또는 일부에는 설정할 수 있다. ② 소유권의 일부인 공유지분에는 설정할 수 없다.
농경지	농경지를 목적으로 전세권을 설정할 수 없다.
전전세	전전세는 전세권의 존속기간 내에서만 허용되므로, 존속기간이 경과한 경우는 할 수 없다.

2. 전세권설정등기 절차

(1) 신청정보

필요적 사항	① 전세권 또는 전전세권의 범위 ② 전세금 또는 전전세금
임의적 사항	존속기간, 위약금이나 배상금, 양도금지나 담보제공금지, 전전세나 임대차금지 등은 등기원인에 그 약정이 있는 경우에만 신청정보의 내용으로 제공하여야 한다.

(2) 등기의 실행

등기의 형식	전세권은 주등기 형식으로 기록하지만, 전전세는 전세권에 부기등기 형식으로 기록한다.
공동전세목록	등기관이 5개 이상의 부동산에 관하여 전세권설정등기를 할 때에는 공동전세목록을 작성하여야 한다.

3. 전세권으로 금전을 융통하는 방법

구분	전세권부 저당권설정	전세금반환채권양도
소멸 전	○	×
소멸 후	×	○

① 전세권을 목적으로 한 저당권설정은 전세권의 존속기간 내에서만 허용된다.

② 전세권의 존속기간이 경과한 경우 전세권을 목적으로 저당권을 설정할 수 없다.

③ 건물전세권이 법정갱신된 이후 전세권을 목적으로 저당권을 설정하기 위해서는 우선 존속기간에 대한 변경등기를 선행하여야 한다.

<전세권부 저당권설정등기>

【을구】	
1	전세권설정 범위: 2층 전부 전세금: 3억원 존속기간: ~2025.12.31. 전세권자: 乙
1-1	1번 전세권부 저당권설정 채권액: 1억원 채무자: 乙 저당권자: 丙

<전세권의 일부이전등기>

【을구】	
1	전세권설정 범위: 2층 전부 전세금: 3억원 존속기간: ~2025.11.1. 전세권자: 乙
1-1	1번 전세권의 일부이전 양도액: 1억원 전세금반환채권의 일부양도 양수인: 丙

4. 전세금반환채권의 일부양도에 따른 전세권 일부이전등기

요건	전세권 일부이전등기의 신청은 전세권의 존속기간의 만료 전에는 할 수 없다. 다만, 존속기간 만료 전이라도 해당 전세권이 소멸하였음을 증명하여 신청하는 경우에는 그러하지 아니하다(법 제73조 제2항). ➡ 전세권이 소멸해야 할 수 있다.
등기실행	① 전세금반환채권의 일부양도를 원인으로 한 전세권의 일부이전등기를 할 때에는 '양도액'을 기록한다(법 제73조 제1항). ② 전세권의 일부이전등기는 부기등기 형식으로 실행한다.

4 임차권등기

31회 · 34회 · 35회

1. 임차권의 대항력을 갖추는 방법

등기의 대항력	임차권은 채권이므로 등기를 하지 않더라도 권리가 발생하지만, 이를 등기하면 제3자에 대하여 대항력이 생긴다.
「주택임대차보호법」상 대항력	주택임대차에 대하여는 등기하지 않더라도 주택의 인도와 주민등록을 마친 때에는 그 다음 날부터 대항력이 생긴다(주택임대차보호법 제3조 제1항).

2. 신청정보의 제공사항

필요적 사항	① 차임. 다만, 차임을 정하지 아니하고 보증금의 지급만을 내용으로 하는 임대차, 즉 '채권적 전세'의 경우에는 차임을 제공하지 아니한다. ② 범위
임의적 사항	① 임차보증금, 차임의 지급시기, 존속기간 등은 등기원인에 약정이 있는 경우에만 제공하여야 한다. ② 존속기간을 불확정기간으로 하는 임차권설정등기도 가능하다.

3. 임차권이전등기

임차권의 이전 및 임차물의 전대의 등기는 부기등기 형식으로 실행한다.

<임차권설정등기>

【을구】	
1	임차권설정 보증금: 금 1억원 차임: 월 50만원 범위: 주택 전부 존속기간: ~2025.12.31. 등기원인: 설정계약 임차권자: 乙
1-1	1번 임차권이전 임차권자: 丙

<임차권등기명령에 의한 주택임차권등기>

【을구】	
1	주택임차권 보증금: 금 2억원 범위: 주택 전부 임대차계약일자: 2021.1.5. 주민등록일자: 2021.1.30. 점유개시일자: 2021.1.30. 확정일자: 2021.1.30. 등기원인: 법원의 임차권등기명령 임차권자: 乙

4. 임차권등기명령에 의한 임차권등기

등기명령신청	주택·상가건물 임대차 종료 후 보증금을 반환받지 못한 임차인은 일정한 요건을 갖추어 임차주택의 소재지를 관할하는 법원에 임차권등기명령을 신청할 수 있다.
법원의 촉탁	법원은 임차권등기명령의 효력이 발생하면 지체 없이 촉탁서에 재판서등본을 첨부하여 등기관에게 임차권등기의 기입을 촉탁하여야 한다.
기록할 사항	① 등기의 목적을 '주택임차권(상가건물임차권)'이라 기록한다. ② 임대차계약을 체결한 날 ③ 임차보증금액 ④ 임차주택(임차상가건물)을 점유하기 시작한 날 ┐ ⑤ 주민등록을 마친 날(사업자등록을 신청한 날) ┘⇨ 대항력 요건 ⑥ 임대차계약서상의 확정일자를 받은 날 ⇨ 우선변제 요건
이전등기(×)	「주택임대차보호법」·「상가건물 임대차보호법」상 등기명령에 의한 임차권등기에 기초한 임차권이전등기는 허용되지 않는다.

5. 전세권설정등기 후 임차권등기명령에 의한 주택임차권등기 허용 여부

이미 전세권설정등기가 마쳐진 주택에 대하여 법원의 주택임차권등기명령에 따른 등기의 촉탁이 있는 경우에 주택임차인이 대항력을 취득한 날이 전세권설정등기의 접수일자보다 선일(先日)이라면, 기존 전세권의 등기명의인과 임차권의 등기명의인으로 되려는 자가 동일한지 여부와는 상관없이 등기관은 그 촉탁에 따른 등기를 수리할 수 있다.

5 저당권등기

31회 · 32회 · 33회 · 34회 · 35회

1. 저당권의 객체(목적)

허용(○)	① 저당권의 목적이 될 수 있는 권리는 소유권, 지상권, 전세권에 한한다. ② 농경지도 저당권의 목적이 될 수 있다. ③ 소유권의 일부인 공유지분에 설정할 수 있다.
허용(×)	④ 부동산의 일부에는 설정할 수 없다.

2. 저당권설정등기

(1) 저당권의 구조

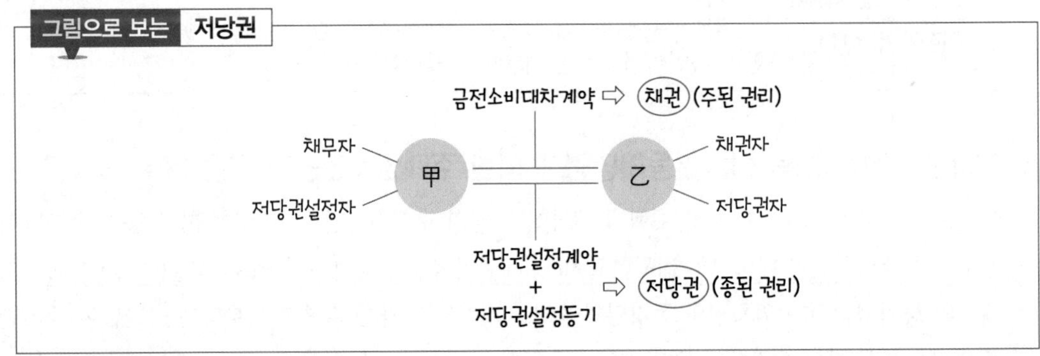

(2) 신청인 등

신청인	저당권설정등기는 저당권자가 등기권리자가 되고, 저당권설정자(소유권자 또는 지상권자나 전세권자)가 등기의무자가 되어 공동으로 신청한다.	
신청정보	필요적 사항	① 채권액 또는 채권의 평가액: 일정한 금액을 목적으로 하지 않는 채권을 담보하기 위한 저당권설정등기를 신청하는 경우에는 그 채권의 평가액을 신청정보의 내용으로 등기소에 제공하여야 한다. ② 채무자의 성명(명칭)과 주소(사무소 소재지) ⟶ 주민등록번호(×)
	임의적 사항	변제기, 이자, 채무불이행으로 인한 손해배상에 관한 약정(=위약금) 등은 등기원인에 약정이 있는 경우에만 제공하여야 한다.
등기실행	소유권을 목적으로 한 저당권설정등기는 주등기로 실행하고, 지상권 또는 전세권을 목적으로 한 저당권설정등기는 그 권리에 대한 부기등기 형식으로 실행한다.	

3. 저당권의 이전등기

그림으로 보는 저당권 이전등기

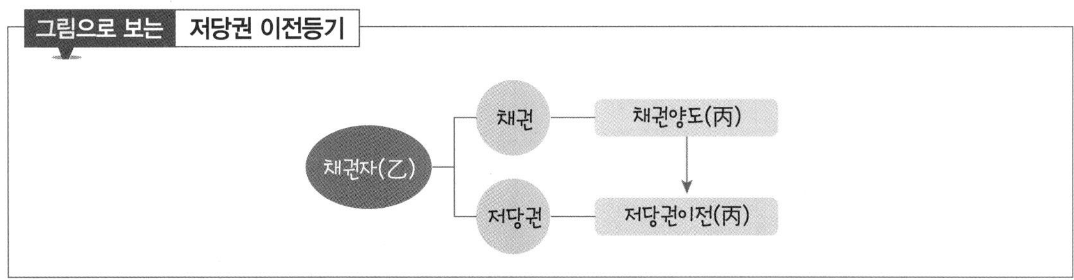

의의	① 채권양도 등을 원인으로 채권이 양도되면 특별한 약정이 없는 한 이를 담보하기 위한 저당권도 이전된다. ② 저당권은 채권에 부종하므로 저당권을 피담보채권과 분리하여 타인에게 양도하거나, 다른 채권의 담보로 하지 못한다. 이를 위반하면 각하된다.
신청인	채권양도를 원인으로 하는 저당권이전등기는 양수인을 등기권리자로 하고, 양도인을 등기의무자로 하여 공동으로 신청한다.
신청정보	저당권의 이전등기를 신청하는 경우에는 저당권이 채권과 같이 이전한다는 뜻을 신청정보의 내용으로 등기소에 제공하여야 한다(규칙 제137조 제1항).
등기실행	① 저당권의 이전등기는 항상 부기등기에 의한다. 등기관은 저당권이전등기 후 종전 저당권자의 표시에 관한 사항을 말소하는 표시를 하여야 한다(규칙 제112조 제3항). ② 채권의 일부양도나 채권의 일부대위변제로 인한 저당권의 일부이전등기는 부기등기로 실행하고 양도액 또는 변제액을 기록하여야 한다(법 제79조).

4. 저당권의 말소등기

원칙	저당권말소등기는 저당권설정자(부동산소유자 또는 지상권자·전세권자)가 등기권리자가 되고, 저당권자가 등기의무자가 되어 공동으로 신청한다.	
저당권이 이전된 경우	신청인	① 등기권리자: 저당권설정자(甲) ② 등기의무자: 현재의 저당권자(丙)가 등기의무자가 되는 것이지, 종전의 저당권자(乙)는 등기의무자가 될 수 없다. → 병하네
	실행	주등기인 저당권설정등기를 말소신청하면 부기등기인 이전등기는 등기관이 직권으로 말소한다.
소유권이 이전된 경우	제3취득자 또는 저당권설정자가 등기권리자가 되고, 저당권자가 등기의무자가 되어 공동으로 말소등기를 신청한다.	

<저당권이 이전된 경우>

【갑구】	
1	소유권보존 甲

【을구】	
1	저당권설정 채권액: 1억원 채무자: 甲 저당권자: ~~乙~~
1-1	저당권이전 저당권자: 丙

→ 병하네(丙에게 말소해달라고 하네)

<소유권이 이전된 경우>

【갑구】	
1	소유권보존 A
2	소유권이전 C

【을구】	
1	저당권설정 채권액: 1억원 채무자: A 저당권자: B

5. 공동저당에 관한 등기

의의	'공동저당'이란 동일한 채권의 담보를 위하여 수개의 부동산 위에 설정되는 저당권을 말한다.
신청정보	여러 개의 부동산에 관한 권리를 목적으로 하는 저당권설정등기를 신청하는 경우에는 각 부동산에 관한 권리의 표시를 신청정보의 내용으로 등기소에 제공하여야 한다.
공동 담보목록	① 등기관은 공동저당의 목적부동산의 수가 5개 이상인 때에는 공동담보목록을 작성하여야 한다(법 제78조 제2항). 공동담보목록은 전자적으로 작성하여야 하며, 공동담보목록번호를 1년마다 새로 부여하여야 한다. ② 창설적 공동저당뿐만 아니라 추가적 공동저당의 경우도 목적 부동산이 5개 이상인 경우 공동담보목록을 작성한다. ③ 공동담보목록은 등기기록의 일부로 본다(법 제78조 제3항).
공동저당 대위등기	① 차순위 저당권자가 등기권리자가 되고 선순위 저당권자가 등기의무자가 되어 공동으로 신청한다. ② 공동저당 대위등기는 대위등기의 목적이 된 저당권등기에 부기등기로 한다. ③ 등기관이 공동저당 대위등기를 할 때에는 일반적인 등기사항 외에 매각부동산 위에 존재하는 차순위 저당권자의 피담보채권에 관한 내용과 매각부동산, 매각대금, 선순위 저당권자가 변제받은 금액을 기록하여야 한다(법 제80조 제1항).

<청계동 12>

【을구】	
1	저당권설정 채권액: 9억원 채무자: 甲 저당권자: 乙 공동담보: 토지 청계동 13
2	저당권설정 채권액: 3억원 채무자: 甲 저당권자: 丙

<청계동 13>

【을구】	
1	저당권설정 채권액: 9억원 채무자: 甲 저당권자: 乙 공동담보: 토지 청계동 12
1-1	1번 저당권대위 매각부동산: 토지 청계동 12 매각대금: 10억원 변제액: 9억원 채권액: 3억원 채무자: 甲 대위자: 丙

6. 근저당권등기

(1) 근저당권의 의의 및 실행

의의	'근저당권'이란 계속적인 거래관계로부터 발생하는 불특정 다수의 채권을 결산기에 일정한 한도액까지 담보하는 저당권을 말한다.
성질	근저당권은 담보물권의 부종성이 완화되고, 불특정의 채권을 담보한다는 점에서 저당권과 차이가 있는 특수한 저당권이라 할 수 있다.
등기의 실행	① 채권최고액과 채무자를 반드시 기록하여야 한다. ② 채권최고액은 채권자·채무자가 수인인 경우에도 단일하게 기록하여야 하고 이를 구분하여 기록하지 못한다. ③ 채무자가 수인인 경우 그 수인의 채무자가 연대채무자라 하더라도 등기기록에는 단순히 '채무자'로 적는다. ④ '존속기간'은 등기원인에 그 약정이 있는 경우에 기록하여야 하지만, 변제기는 등기할 사항이 아니다. ⑤ 이자나 채무불이행으로 인한 손해배상에 관한 약정(= 위약금)은 등기사항이 아니다.

석's 출제포인트

임의적 사항 정리

구분	변제기, 이자, 위약금	존속기간
저당권	○	×
근저당권	×	○

(2) 근저당권의 이전등기

피담보채권이 확정되기 전에는 '채권양도'를 원인으로 근저당권이전등기를 할 수 없다.

6 권리질권등기

구분	내용
의의	'권리질권'이란 재산권(예 채권, 주식 등) 등을 목적으로 하는 질권을 말한다. 권리질권 중 등기가 될 수 있는 것은 저당권부 채권질권에 한한다.
공동신청	① 등기권리자: 채권자(= 권리질권자) ② 등기의무자: 저당권자(○) ➡ 저당권설정자는 등기의무자가 아니다.
등기의 실행	① 권리질권등기는 저당권에 부기등기로 실행한다. ② 필요적 사항: 채권액 또는 채권최고액, 채무자 ③ 임의적 사항: 변제기, 이자 등
효력	저당권에 권리질권의 부기등기를 하여야 그 효력이 저당권에 미친다.

권리질권 기록례

【갑구】	
1	소유권보존 甲

【을구】	
1	저당권설정 채권액: 2억원 채무자: 甲 저당권자: 乙
1-1	1번 저당권부질권 채권액: 5천만원 채무자: 乙 채권자: 丙

POINT 05

각종의 등기절차

| 제1절 | 변경등기

31회 · 32회 · 34회 · 35회

등기기록	=	실체관계	
전부	≠	무효	⇨ 말소등기
일부	≠	원시적	⇨ 경정등기
		후발적	⇨ 변경등기

【표제부】	【갑구】	【을구】
1. 부동산의 표시변경	2. 권리의 변경 3. 등기명의인의 표시변경	

1 의의 및 종류

의의	'변경등기'란 등기가 마쳐진 후 등기사항의 일부가 후발적으로 실체관계와 부합하지 않게 된 경우 이를 바로잡기 위한 등기를 말한다.
부동산의 표시변경등기	① 토지의 소재, 지번, 지목, 면적 등이 변경된 경우 실행하는 등기이다. 토지의 분할, 합병, 지목변경, 행정구역 변경, 행정구역의 명칭변경 등이 등기원인이 된다. ② 건물의 소재, 지번, 구조, 종류, 면적, 건물번호 등에 변경이 있는 경우 실행하는 등기이다. 건물의 분할, 구분, 합병, 부속건물의 신축 등이 등기원인이 된다.
권리의 변경등기	등기되어 있는 권리의 내용에 변경이 있는 경우(예 전세권의 전세금이나 존속기간의 변경, 근저당권의 채권최고액의 변경 등) 실행한다.
등기명의인의 표시변경등기	등기명의인의 표시인 성명(명칭), (주민)등록번호, 주소(사무소 소재지)가 변경된 경우 실행하는 등기이다. 개명이나 주소변경 등이 원인이 된다.

2 부동산의 표시변경등기

1. 의의

'부동산의 표시변경등기'란 부동산의 분할, 합병 등으로 부동산의 표시(소재, 지번, 지목, 면적, 구조, 종류, 부속건물의 신축 등)에 변경이 있는 경우에 실행하는 등기이다.

2. 신청에 의한 변경등기

토지대장	
토지의 표시	소유자
~~전~~ 창고용지	A

등기기록			
【표제부】		【갑구】	【을구】
~~1~~	~~전~~	A	
2	창고용지		

대장등록 선행	부동산의 표시에 관한 변경의 사실이 있으면 먼저 대장의 등록을 변경하여야 한다.
단독신청 및 신청의무	① 부동산의 표시에 변경이 있는 때에는 그 소유권의 등기명의인은 그 사실이 있는 때부터 1개월 이내에 그 등기를 신청하여야 한다(법 제35조, 제41조). ② 이를 위반하더라도 과태료의 처분대상은 아니다.
신청정보 및 첨부정보	① 토지나 건물의 표시변경등기를 신청하는 경우에는 그 토지나 건물의 변경 전과 변경 후의 표시에 관한 정보를 신청정보의 내용으로 등기소에 제공하여야 한다(규칙 제72조 제1항, 제86조 제1항). ② 부동산의 표시의 변경을 증명하는 토지대장 정보나 임야대장 정보, 건축물대장 정보를 첨부정보로서 등기소에 제공하여야 한다(규칙 제72조 제2항, 제86조 제3항). 암기 대표보이
등기의 실행	부동산의 표시에 관한 사항을 변경하는 등기를 할 때에는 항상 주등기로 실행하며, 종전의 표시에 관한 등기를 말소하는 표시를 하여야 한다(규칙 제73조, 제87조 제1항).

지적법과 등기법 비교

지적법	지적소관청은 토지이동에 따른 토지의 표시변경에 관한 등기를 할 필요가 있는 경우에는 지체 없이 관할 등기관서에 변경등기를 촉탁하여야 한다.
등기법	부동산의 표시에 변경이 있는 때에는 그 소유권의 등기명의인은 그 사실이 있는 때부터 1개월 이내에 변경등기를 신청하여야 한다.
실무	특별법 우선의 원칙에 따라 지적법 규정에 의하여 지적소관청이 촉탁한다. └→ 등기에 관해서는 등기법이 일반법이고, 지적법이 특별법이다.
수험생	지적법과 등기법 규정을 각각 알고 있어야 한다.

3. 직권에 의한 변경등기

행정구역 및 그 명칭 변경	① 행정구역 또는 그 명칭이 변경되었을 때에는 등기기록에 기록된 행정구역 또는 그 명칭에 대하여 변경등기가 있는 것으로 본다(법 제31조). ② 이 경우에 공시를 명확하게 하기 위하여 등기관은 직권으로 부동산의 표시변경등기를 할 수 있다(규칙 제54조).

4. 토지의 합필등기

합필 가능	① 합필하려는 토지에 용익권등기(지상권·전세권·임차권 및 승역지지역권)가 있는 경우 ② 합필하려는 모든 토지에 등기원인 및 그 연월일과 접수번호가 동일한 저당권등기가 있는 경우 ③ 합필하려는 모든 토지에 등기사항이 동일한 신탁등기가 있는 경우
합필 불가능	합필하려는 토지에 용익권 외의 등기(저당권등기나 가압류등기, 가처분등기 등)가 있는 경우
등기 실행	합필 후 존속한 필지에 대하여는 부동산의 표시변경등기를 실행하고, 소멸한 필지에 대한 등기기록은 폐쇄한다.

3 권리의 변경등기

1. 의의 및 내용

의의	'권리의 변경등기'란 이미 등기된 권리의 내용 중 일부가 후발적으로 변경된 경우 변경된 실체관계와 등기기록상의 기록을 일치시키기 위한 등기이다.
내용	① 전세권의 변경등기: 전세금의 증감, 존속기간의 연장 또는 단축 ② 저당권의 변경등기: 채권액의 증감, 채무자의 변경 ③ 근저당권의 변경등기: 채권최고액의 증감, 채무자의 변경 ④ 지상권의 변경등기: 지료의 증감, 존속기간의 연장 또는 단축

2. 신청인 및 등기의 실행

신청인	일반원칙에 따라 등기권리자와 등기의무자의 공동신청에 의한다.
부기등기	① 권리의 변경등기는 등기상 이해관계 있는 제3자가 존재하지 않거나, 등기상 이해관계 있는 제3자가 있더라도 그 자의 승낙이 있는 경우에는 부기등기로 하여야 한다. ② 등기관이 부기등기 형식으로 권리의 변경등기를 할 때에는 변경 전의 등기사항을 말소하는 표시를 하여야 한다(규칙 제112조 제1항).

주등기	① 권리의 변경등기를 하는 데 있어 등기상 이해관계 있는 제3자가 있으나 그 자의 승낙이 없는 경우에는 그 이해관계인의 등기보다 후순위가 되는 주등기로 한다. ② 주등기로 할 때에는 변경 전의 등기사항은 종전의 순위로 제3자에게 대항할 수 있어야 하므로 변경 전의 등기사항을 말소하는 표시를 하지 않는다(규칙 제112조 제1항 단서).

등기상 이해관계 있는 제3자

의의	① '등기상 이해관계 있는 제3자'란 등기기록의 기록형식상 불이익을 받게 될 위치에 있는 자를 말하는데, 실제로 불이익이 발생했느냐의 여부는 묻지 않는다. ② '자기는 가만히 있는데 다른 사람이 등기를 신청하는 바람에 손해 보게 생긴 사람'이라고 생각하면 된다.
예시	① 선순위 저당권의 채권액의 증액으로 변경등기를 하는 경우 후순위 전세권자나 저당권자는 불이익을 받을 염려가 생기므로 이해관계인에 해당한다. ② 선순위 저당권의 채권액을 감액하는 변경등기의 경우 후순위 전세권자나 저당권자는 손해를 입을 염려가 없으므로 이해관계인이 아니다.

권리의 변경등기

<이해관계인 無>

【을구】	
1	저당권설정 채권액: ~~3억원~~ 저당권자: B
1-1	1번 저당권변경 채권액: 4억원

<승낙서 無>

【을구】	
1	저당권설정 채권액: 3억원 저당권자: C
2	저당권설정 채권액: 2억원 저당권자: D
3	1번 저당권변경 채권액: 4억원

<승낙서 有>

【을구】	
1	저당권설정 채권액: ~~3억원~~ 저당권자: C
2	저당권설정 채권액: 2억원 저당권자: D
1-1	1번 저당권변경 채권액: 4억원

4 등기명의인의 표시변경등기

의의	등기명의인의 표시인 성명(명칭), 주민등록번호(부동산등기용등록번호), 주소(사무소 소재지) 등이 등기 후에 변경된 경우 이를 실체관계와 부합하도록 바로잡는 등기를 말한다.
단독신청	등기명의인표시의 변경등기는 변경등기에 의하여 불이익을 받는 자나 이해관계인이 있을 수 없으므로 등기명의인이 단독으로 신청한다(법 제23조 제6항).
등기의 실행	등기명의인표시의 변경등기는 항상 부기등기로 하며, 등기관이 등기명의인표시의 변경등기를 할 때에는 변경 전의 등기사항을 말소하는 표시를 하여야 한다(규칙 제112조 제2항).
직권등기	① 행정구역 또는 그 명칭이 변경되었을 때에는 등기기록에 기록된 행정구역 또는 그 명칭에 대하여 변경등기가 있는 것으로 본다(법 제31조). ② 이 경우 등기관은 공시를 명확하게 하기 위하여 직권으로 등기명의인의 주소변경등기를 할 수 있다(규칙 제54조).

등기명의인의 표시변경등기

【갑구】		(소유권에 관한 사항)		
순위번호	등기목적	접수	등기원인	권리자 및 기타사항
1	소유권 이전	2022년 4월 25일 제27192호	2022년 3월 15일 매매	소유자 ~~백원만~~ 850802-1636485 서울 강남구 언주로 10-3
1-1	1번등기 명의인 표시변경	2022년 8월 13일 제65617호	2022년 8월 10일 개명	백원만의 성명 백두만

| 제2절 | 경정등기

1 의의 및 요건

의의	'경정등기'란 원시적(=등기를 실행하는 순간)으로 착오 또는 빠진 사항이 있어 등기기록과 실체관계에 일부 불일치가 발생한 경우 이를 바로잡기 위한 등기를 말한다.
동일성·유사성	① 경정 전후에 '동일성 또는 유사성'이 있어야 한다. ② 경정 전의 등기와 경정 후의 등기 사이에 동일성 또는 유사성이 없는 경우에는 경정등기를 할 수 없고, 말소등기를 하여야 한다. ③ 동일성이 없어서 경정등기를 할 수 없는 경우 ㉠ 권리 자체를 경정하는 경우(예 소유권이전등기를 저당권설정등기로 경정하거나 저당권설정등기를 전세권설정등기로 경정하는 경우는 허용되지 않는다) ㉡ 권리자 전체를 경정하는 경우(예 권리자를 甲에서 乙로 경정하거나, 甲·乙의 공동소유에서 丙·丁의 공동소유로 경정하는 경우는 허용되지 않는다)

2 직권경정등기

규정	등기관이 등기의 착오나 빠진 부분이 등기관의 잘못으로 인한 것임을 발견한 경우에는 지체 없이 그 등기를 직권으로 경정하여야 한다(법 제32조 제2항).
통지	① 직권으로 경정등기를 마친 등기관은 등기권리자와 등기의무자(등기권리자 또는 등기의무자가 2인 이상인 때에는 그중 1인)에게 통지한다(법 제32조 제3항). ② 채권자 대위에 의한 등기를 경정한 때에는 대위채권자에게도 통지하여야 한다(법 제32조 제4항).

| 제3절 | 말소등기

34회

1 의의 및 요건

의의	'말소등기'란 기존 등기의 전부가 원시적 또는 후발적 사유로 실체관계와 부합하지 않게 된 경우 기존등기 전부를 말소시킬 목적으로 실행하는 등기를 말한다.
전부 부적법	등기사항의 전부가 실체관계와 부합하지 아니한 경우에만 할 수 있고, 등기사항의 일부만이 부적법한 때에는 말소등기의 대상이 되지 않는다. 이 경우에는 변경등기나 경정등기를 할 수 있다.
이해관계인	① 등기의 말소를 신청하는 경우에 그 말소에 대하여 등기상 이해관계 있는 제3자가 있을 때에는 제3자의 승낙이 있어야 한다(법 제57조 제1항). ② 이해관계인의 승낙서 등을 첨부하지 아니하고 말소등기를 신청한 경우 각하된다. ③ 말소등기와 등기기록상 양립할 수 없는 등기의 명의인은 말소등기를 하는 데 있어 이해관계인이 될 수 없다.
말소등기의 말소등기	말소등기가 부적법하더라도 말소등기의 말소등기는 할 수 없으므로 말소회복등기를 하여야 한다.

말소등기 시 이해관계인 해당 여부

등기상 이해관계인에 해당하는 경우	등기상 이해관계인에 해당하지 않는 경우
① 소유권이 甲에서 乙로 이전되고 乙이 丙에게 저당권을 설정한 경우 乙의 소유권이전등기의 말소등기 신청 시 저당권자 丙 ② 전세권의 말소등기 신청 시에 전세권을 목적으로 한 저당권자	① 甲, 乙, 丙 순으로 소유권이전등기가 된 상태에서 乙 명의의 소유권이전등기를 말소할 때의 丙 ② 1순위 저당권의 말소등기 시 2순위 저당권자 ③ 2순위 저당권의 말소등기 시 1순위 저당권자

말소등기와 이해관계인

<이해관계인(○)>

【갑구】	
1	소유권보존 甲
2	소유권이전 乙

【을구】	
1	저당권설정 丙

<이해관계인(×)>

【갑구】	
1	소유권보존 甲
2	소유권이전 乙
3	소유권이전 丙

<이해관계인(×)>

【갑구】	
1	소유권보존 甲

【을구】	
1	저당권설정 2억원 乙
2	저당권설정 1억원 丙

2 말소등기의 유형

구분	내용
공동신청	말소등기도 등기신청의 일반원칙에 따라 등기권리자와 등기의무자의 공동신청에 의한다.
단독신청	① 판결에 의한 말소등기 ② **소유권보존등기의 말소등기**: 소유권의 등기명의인이 단독으로 신청한다. ③ **등기의무자의 소재불명으로 공동신청을 할 수 없을 때**: 등기권리자가 등기의무자의 소재불명으로 인하여 공동으로 등기의 말소를 신청할 수 없을 때에는 공시최고를 신청한 후 제권판결이 있으면 등기권리자가 그 사실을 증명하여 단독으로 등기의 말소를 신청할 수 있다(법 제56조). ④ 혼동에 의한 말소 암기 혼신 ⑤ **가등기말소의 경우**: 일반원칙에 따라 공동신청이 원칙이나 가등기명의인이 단독으로 신청할 수도 있고, 가등기명의인의 승낙을 받아 가등기의무자 또는 가등기에 관하여 등기상 이해관계 있는 자도 단독으로 말소를 신청할 수 있다(법 제93조). ⑥ **가처분등기 이후에 마쳐진 제3자 명의의 등기의 말소**: 가처분채권자가 가처분채무자를 등기의무자로 하여 권리의 이전, 말소 또는 설정의 등기를 신청하는 경우에는, 그 가처분등기 이후에 된 등기로서 가처분채권자의 권리를 침해하는 등기의 말소를 단독으로 신청할 수 있다(법 제94조 제1항).
직권말소	① 관할 위반인 경우(법 제29조 제1호)·사건이 등기할 것이 아닌 경우(동조 제2호)의 등기는 등기관이 직권으로 말소하여야 한다(법 제58조 제4항). ② 말소등기 시 말소할 등기를 목적으로 하는 제3자의 승낙이 있을 경우 이해관계 있는 제3자 명의의 등기는 등기관이 직권으로 말소한다(법 제57조). ③ 등기관은 가등기에 의한 본등기를 하였을 때에는 가등기 이후에 된 등기로서 가등기에 의하여 보전되는 권리를 침해하는 등기를 직권으로 말소하여야 한다(법 제92조). ④ 등기관이 수용으로 인한 소유권이전등기를 하는 경우 그 부동산의 등기기록 중 소유권, 소유권 외의 권리(그 부동산을 위하여 존재하는 지역권은 제외), 그 밖의 처분제한에 관한 등기가 있으면 그 등기를 직권으로 말소하여야 한다(법 제99조 제4항). ⑤ 환매에 따른 권리취득의 등기를 하였을 때에는 등기관은 직권으로 환매특약의 등기를 말소하여야 한다(규칙 제114조 제1항).

3 말소등기의 실행

등기를 말소할 때에는 말소의 등기를 한 후 해당 등기를 말소하는 표시를 하여야 한다(규칙 제116조 제1항). 말소등기는 항상 주등기로 한다.

말소등기 기록례

순위 번호	등기목적	접수	등기원인	권리자 및 기타사항
1	~~전세권 설정~~	~~2019년 3월 4일 제21325호~~	~~2019년 2월 4일 설정계약~~	~~전세금 금 300,000,000원~~ ~~범 위 위 건물 전부~~ ~~존속기간 2019년 3월 4일부터~~ ~~2021년 3월 3일까지~~ ~~저당권자 김정주 730802 -1******~~ ~~서울특별시 서초구 서초동 12~~
2	1번 전세권 등기말소	2021년 3월 4일 제27895호	2021년 3월 4일 해지	

| 제4절 | 말소회복등기

1 의의 및 요건

의의	'말소회복등기'란 실체관계가 존재함에도 불구하고 등기사항의 전부 또는 일부가 부적법하게 말소된 경우, 말소된 등기를 재현하여 말소되기 이전의 순위와 효력을 회복하도록 하는 등기를 말한다.
부적법하게 말소될 것	등기사항이 부적법하게 말소되어야 하므로 당사자가 자발적으로 말소등기를 한 경우에는 말소회복등기를 할 수 없다.
이해관계인	① 말소된 등기의 회복을 신청하는 경우에 등기상 이해관계 있는 제3자가 있을 때에는 그 제3자의 승낙이 있어야 한다(법 제59조). ② 이해관계인의 승낙서를 첨부하지 못한 경우 등기신청은 각하된다. ③ 회복할 등기와 등기기록상 양립할 수 없는 등기는 회복등기에 앞서 말소의 대상(전제)이 될 뿐이다. 이러한 등기의 명의인은 이해관계 있는 제3자가 될 수 없다.
말소등기의 말소등기	말소등기를 말소하는 방법으로서는 종래 말소된 등기가 회복되지 아니하므로 말소회복등기를 하여야 한다. ➡ 말소등기의 말소등기는 허용되지 않는다.

말소회복등기와 말소등기 개념정리

말소회복등기 ⇔✕ 말소등기
전부 or 일부 전부

1. 말소회복등기와 말소등기는 반대말이 아니다.
2. '말소한다'와 '말소등기한다'는 같은 말이 아니다.
3. '말소한다'는 등기사항의 전부 또는 일부를 말소할 수 있지만, '말소등기한다'는 반드시 등기사항의 전부를 말소하여야 한다.

【을구】	
~~1~~	~~저당권설정~~ ~~丙~~
2	1번 저당권말소

【을구】	
1	저당권설정 채권액: ~~3억원~~ 저당권자: B
1-1	1번 저당권변경 채권액: 4억원

석's 출제포인트

이해관계인과 승낙서

구분	승낙서 첨부(○)	승낙서 첨부(×)
권리의 변경·경정등기	실행(부기등기)	실행(주등기)
말소·말소회복등기	실행	각하

1. 권리의 변경등기를 하는 데 있어 등기상 이해관계인이 있는 경우, 그 자의 승낙서 등을 첨부하여야 한다. (×)
2. 권리의 경정등기를 하는 데 있어 등기상 이해관계인이 있는 경우, 그 자의 승낙서 등을 첨부하여야 한다. (×)
3. 말소등기를 하는 데 있어 등기상 이해관계인이 있는 경우, 그 자의 승낙서 등을 첨부하여야 한다. (○)
4. 말소회복등기를 하는 데 있어 등기상 이해관계인이 있는 경우, 그 자의 승낙서 등을 첨부하여야 한다. (○)

2 말소회복등기의 실행 및 효력 암기 전주일부

주등기	어떤 등기사항의 전부가 말소된 경우에 그 등기 전부를 회복하고자 하는 때에는 통상의 절차에 따라 주등기로 회복의 등기를 한 후 다시 말소된 등기와 같은 등기를 하여야 한다(규칙 제118조 본문).
부기등기	어떤 등기사항의 일부가 말소된 것일 때에는 부기에 의하여 말소된 등기사항만 다시 등기한다(규칙 제118조 단서).
효력	말소회복된 등기는 말소되기 전과 동일한 순위와 효력을 회복한다.

| 제5절 | 멸실등기

31회

의의	① '멸실등기'란 1개의 부동산 전부가 물리적으로 소멸하는 경우에 이를 공시하는 등기를 말한다. 부동산의 일부가 멸실된 경우에는 부동산의 표시변경등기를 실행한다. ② 존재하지 아니하는 건물에 대한 등기가 있는 때에도 멸실등기를 한다(법 제44조 제1항).
단독신청	① 부동산이 멸실한 경우 그 소유권의 등기명의인은 그 사실이 있는 때부터 '1개월' 이내에 멸실등기를 신청하여야 한다(법 제39조, 제43조 제1항). ② 다만, 존재하지 아니하는 건물에 대한 등기가 있는 때에는 '지체 없이' 멸실등기를 신청하여야 한다(법 제44조 제1항).
첨부정보	멸실등기를 신청하는 경우에는 그 멸실을 증명하는 토지대장 정보나 임야대장 정보, 건축물대장 정보를 첨부정보로서 등기소에 제공하여야 한다(규칙 제83조, 제102조). 암기 대표보이
실행	멸실등기를 하는 때에는 등기기록 중 표제부에 멸실의 뜻과 그 원인 또는 부존재의 뜻을 기록하고, 표제부의 등기를 말소하는 표시를 한 후 그 등기기록을 폐쇄하여야 한다(규칙 제84조 제1항, 제103조 제1항).

| 제6절 | 부기등기

31회 · 32회 · 33회 · 35회

의의	'부기등기'란 독립한 순위번호를 갖지 않고 주등기 또는 부기등기의 순위번호에 가지번호를 붙여서 하는 등기를 말한다.
실행	① 부기등기는 갑구·을구에 실행하고 표제부에는 할 수 없다. ② 부기등기에 대한 부기등기도 할 수 있다(예 환매권의 이전등기). ③ 1개의 주등기에 여러 개의 부기등기를 할 수 있다.
순위	부기등기의 순위는 주등기의 순위에 따르며, 같은 주등기에 관한 부기등기 상호간의 순위는 그 등기 순서에 따른다(법 제5조).

석's 출제포인트

주등기와 부기등기

주등기	부기등기
① 소유권이전등기	① 소유권 외의 권리의 이전등기 • 전세권이전등기, 저당권이전등기 • 가등기상의 권리의 이전등기
② 소유권을 목적으로 하는 권리에 관한 등기 예 전세권설정등기, 지상권설정등기, 저당권설정등기 등	② 소유권 외의 권리를 목적으로 하는 권리에 관한 등기 • 전세권자가 설정한 저당권, 전전세권 • 저당권부 채권질권(=권리질권)
③ 소유권에 대한 처분제한등기 • 소유권에 대한 가압류등기 • 소유권에 대한 가처분등기 • 소유권에 대한 경매개시결정등기	③ 소유권 외의 권리에 대한 처분제한등기 • 전세권에 대한 가압류등기 • 전세권에 대한 가처분등기 • 가등기상의 권리에 대한 가압류등기
④ 표제부등기 • 부동산의 표시변경등기 • 멸실등기 ⑤ 모든 권리의 말소등기 ⑥ 전부말소회복등기 암기 전주일부	④ 환매특약등기 ⑤ 권리소멸약정등기 ⑥ 공유물분할금지의 약정등기
	⑦ 등기명의인의 표시변경등기 ⑧ 권리의 변경이나 경정등기. 다만, 등기상 이해관계 있는 제3자의 승낙이 없는 경우에는 주등기로 실행한다. ⑨ 일부말소회복등기 암기 전주일부

주등기와 부기등기의 기재례

【갑구】	
1	소유권보존 A
2	소유권이전 B
3	가압류 5천만원 E

【을구】	
1	전세권설정 2억원 ~~C~~
2	저당권설정 2억원 D
1-1	1번 전세권이전 F
1-2	1번 전세권부 저당권설정 5천만원 G
1-3	1번 전세권 가압류 2천만원 H

| 제7절 | 가등기

31회 · 32회 · 33회 · 34회 · 35회

1 의의 및 종류

의의	'가등기'란 등기되는 권리의 청구권을 보전하기 위한 임시적인 등기를 말한다.
청구권보전 가등기	청구권보전 가등기는 「부동산등기법」상 등기할 수 있는 각종 권리의 설정·이전·변경·소멸의 청구권을 보전할 목적으로 본등기 전에 미리 해두는 예비적 등기이다.
담보가등기	'담보가등기'란 「가등기담보 등에 관한 법률」에 따른 채권담보의 목적으로 하는 가등기를 말한다. 담보가등기에는 가등기의 일반적 효력 이외에 경매신청권과 우선변제권이 인정된다.

2 가등기의 요건

1. 가등기되는 권리 및 보전하려는 청구권

가등기란 등기되는 권리의 청구권을 보전하기 위한 임시적인 등기이다.

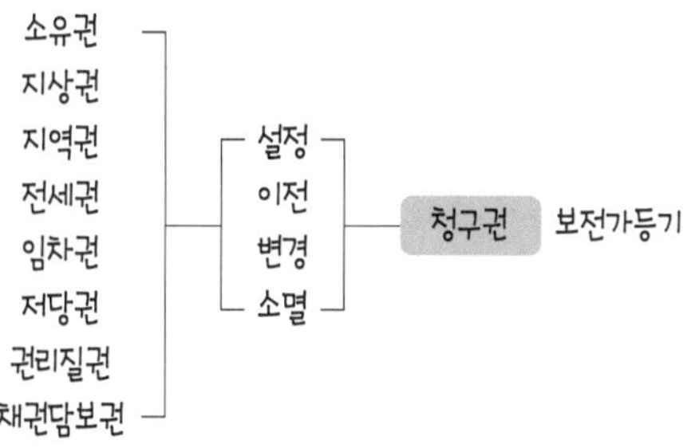

가등기의 대상인 권리	가등기는 본등기를 할 수 있는 권리에 대하여 할 수 있는데, 「부동산등기법」상 본등기를 할 수 있는 권리로는 소유권, 지상권, 지역권, 전세권, 임차권, 저당권, 권리질권, 채권담보권이 있다(법 제3조).
가등기로 보전하려는 청구권	① 가등기는 「부동산등기법」상 등기할 수 있는 각종 권리의 설정·이전·변경·소멸의 청구권을 보전하기 위해서 한다. ② 가등기로 보전하려는 청구권은 채권적 청구권에 한한다. 물권적 청구권은 대세적 효력이 있어 가등기의 대상이 될 수 없다. ③ 청구권은 장래에 확정될 것이거나 시기부 또는 정지조건부 청구권이라도 무방하다. 종기부 또는 해제조건부 청구권은 가등기의 대상이 될 수 없다.

2. 가등기의 허용 여부가 문제되는 경우

소유권보존등기의 가등기	소유권보존등기는 청구권이 존재하지 않으므로 가등기를 할 수 없다.
가등기상 권리의 이전등기	가등기된 물권변동의 청구권(예 소유권이전청구권 등)을 양도한 경우에 그 가등기상의 권리의 이전등기를 가등기에 대한 부기등기의 형식으로 할 수 있다.
가등기상 권리에 대한 가압류·가처분	가등기상의 권리는 처분할 수 있는 권리로서 재산적 가치가 있으므로, 가등기상 권리에 대한 처분금지가처분등기나 가압류등기를 부기등기의 형식으로 할 수 있다.
가등기에 기한 본등기금지 가처분등기	가등기에 기해 본등기를 하는 것은 권리의 처분이 아니라 취득이므로, 가등기에 기한 본등기를 금지하는 가처분등기는 허용되지 않는다. → 합격금지 가처분
유증을 원인으로 한 소유권이전가등기	유증을 원인으로 한 소유권이전가등기는 유언자가 생존 중에는 할 수 없으나, 유언자가 사망한 후에는 가능하다.
사인증여를 원인으로 한 소유권이전가등기	사인증여로 인한 수증자가 갖는 소유권이전청구권은 증여자의 사망으로 효력이 발생하는 일종의 시기부청구권이므로 가등기의 대상이 될 수 있다.

가등기상의 권리의 이전등기

【갑구】	
1	소유권보존 甲
2	소유권이전청구권 가등기 乙
2-1	2번 소유권이전청구권 이전 丙

석's 출제포인트

가등기의 허용 여부

허용되는 경우	허용되지 않는 경우
① 채권적 청구권을 보전하기 위한 가등기 ② 시기부·정지조건부 청구권을 보전하기 위한 가등기 ③ 가등기상 권리의 이전등기 ④ 가등기상 권리에 대한 처분금지가처분등기 ⑤ 가등기상 권리에 대한 가압류등기	① 물권적 청구권을 보전하기 위한 가등기 ② 종기부·해제조건부 청구권을 보전하기 위한 가등기 ③ 소유권보존등기의 가등기 ④ 가등기에 기한 본등기금지가처분등기

(③~⑤) → 부기등기

3 가등기의 절차

1. 가등기의 신청

공동신청(원칙)	가등기도 권리의 등기의 일종이므로 등기신청의 일반원칙에 따라 가등기권리자와 가등기의무자가 공동으로 신청한다(법 제23조 제1항).
단독신청(예외)	① 가등기의 경우에도 일반원칙에 따라 승소판결을 얻어서 단독으로 신청할 수 있다(법 제23조 제4항). ② 부동산 소재지를 관할하는 지방법원의 가등기가처분명령이 있을 때에는 이를 증명하는 정보를 첨부하여 단독으로 가등기를 신청할 수 있다(법 제89조, 제90조 제1항). 암기 가가단 ⊕ 처분금지가처분등기는 법원의 촉탁등기이다. 암기 처가촉 ③ 가등기권리자는 가등기의무자의 승낙서를 첨부하여 단독으로 가등기를 신청할 수 있다(법 제89조).

석's 출제포인트

가등기 신청

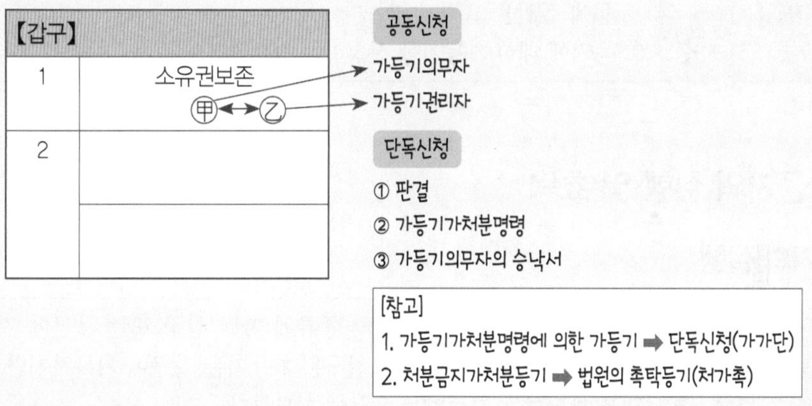

가등기의 말소신청

공동신청(원칙)	등기신청의 일반원칙에 따라 등기권리자와 등기의무자의 공동신청에 의하여 말소한다.
단독신청(예외)	① 가등기명의인은 단독으로 가등기의 말소를 신청할 수 있다(법 제93조 제1항). ② 가등기의무자는 가등기명의인의 승낙을 받아 단독으로 가등기의 말소를 신청할 수 있다(법 제93조 제2항). ③ 가등기에 관하여 등기상 이해관계 있는 자는 가등기명의인의 승낙을 받아 단독으로 가등기의 말소를 신청할 수 있다(법 제93조 제2항).

석's 출제포인트

가등기 말소

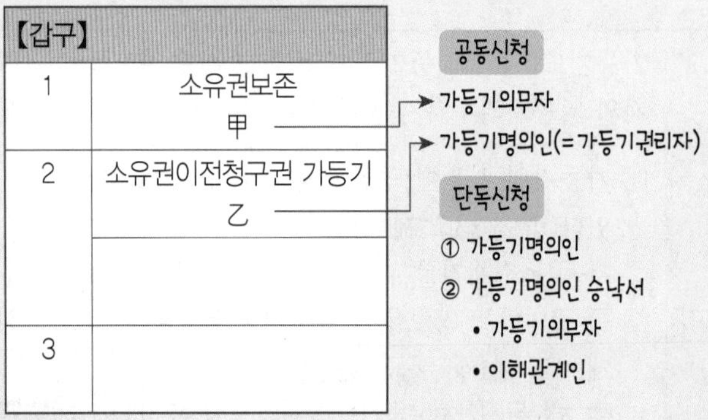

【갑구】	
1	소유권보존 甲
2	소유권이전청구권 가등기 乙
3	

공동신청
→ 가등기의무자
→ 가등기명의인(=가등기권리자)

단독신청
① 가등기명의인
② 가등기명의인 승낙서
• 가등기의무자
• 이해관계인

2. 첨부정보

제공(○)	토지거래허가구역에서 가등기 시에 토지거래허가증을 제공한다.
제공(×)	① 등기원인을 증명하는 정보로 매매예약서, 판결정본 등을 첨부하지만 계약서 등에 검인을 요하지 않는다. ② 농지에 대한 가등기를 신청하는 경우 농지취득자격증명을 첨부할 필요는 없다.

4 가등기의 실행 및 효력

1. 가등기의 실행

가등기의 실행	가등기는 보전하려는 권리의 종류에 따라 갑구 또는 을구에 기록한다. 예를 들어, 소유권이전청구권을 보전하는 가등기는 갑구에 기록하지만, 전세권설정청구권을 보전하는 가등기는 을구에 기록한다.
가등기의 형식	가등기의 형식은 가등기에 의하여 실행되는 본등기의 형식에 따라 결정된다. 소유권이전등기는 주등기로 실행하므로 소유권이전청구권보전 가등기도 주등기로 실행하고, 전세권이전등기는 부기등기로 실행하므로 전세권이전청구권보전 가등기도 부기등기로 실행한다.

2. 가등기의 효력

순위보전효력(○)	가등기는 본등기의 순위를 보전하는 효력이 있다.
실체법상 효력(×)	가등기권리자는 무효인 중복등기에 관하여 말소를 청구할 수 없다. → 숨만 쉰다.
추정력(×)	소유권이전청구권보전가등기가 있다고 하여 반드시 소유권이전등기를 청구할 수 있는 어떠한 법률관계, 즉 금전채무에 관한 담보계약이나 대물변제의 예약이 있었던 것으로 단정할 수는 없다(대판 1963.4.18, 63다114)고 하여 가등기의 추정력을 부정하고 있다.
처분금지효력(×)	소유권자의 처분권능을 제한하는 것도 아니므로, 소유권자가 이를 처분하였을 때라도 가등기명의인은 그 등기의 말소를 청구할 수 없다.
대항력(×)	가등기를 하였더라도 물권변동의 효력이나 제3자에 대한 대항력이 발생하는 것은 아니다.

5 가등기에 기한 본등기

1. 신청인

원칙 (공동신청)	가등기에 기한 본등기도 등기신청의 일반원칙에 따라 등기권리자와 등기의무자의 공동신청에 의하여야 한다.
등기권리자	① 하나의 가등기에 관하여 수인의 가등기권자가 있는 경우에 가등기권자 모두가 공동의 이름으로 본등기를 신청하거나, 일부의 가등기권자가 자기의 가등기지분에 관하여 본등기를 신청할 수 있다. 암기 지가유 ② 다만, 일부의 가등기권자가 공유물보존행위에 준하여 가등기 전부에 대한 본등기를 신청할 수는 없다. ③ 가등기 후 가등기상의 권리가 제3자에게 이전된 경우, 그 제3자가 가등기에 기한 본등기의 등기권리자가 된다.
등기의무자	① 가등기에 기한 본등기의 등기의무자는 가등기 후에 제3취득자가 있을지라도 그 제3취득자(현재 등기기록상 소유자)가 아니고, 가등기의무자(가등기 당시의 소유자)가 본등기의 의무자가 된다. 암기 그때 그 사람 ② 본등기를 함에 있어서 제3취득자의 승낙을 받을 필요는 없다.

가등기에 기한 본등기의 등기권리자, 등기의무자

<등기의무자>

【갑구】	
1	소유권보존 A
2	소유권이전청구권 가등기 B
3	소유권이전 C

<등기권리자>

【갑구】	
1	소유권보존 甲
2	소유권이전청구권 가등기 공유자 지분 2분의 1 乙 공유자 지분 2분의 1 丙

2. 본등기의 실행 및 효력

실행	① 가등기를 한 후 본등기의 신청이 있을 때에는 가등기의 순위번호를 사용하여 본등기를 하여야 하므로 본등기의 순위번호를 따로 기재할 필요는 없다(규칙 제146조). ② 본등기의 실행 후에 가등기를 말소하는 표시를 하지 않는다.
효력	① 가등기에 의한 본등기를 한 경우 본등기의 순위는 가등기의 순위에 따른다(법 제91조). 즉, 본등기의 순위는 가등기 시로 소급하게 되는데 이를 가등기의 순위보전의 효력이라고 한다. ② 실체법상의 효력은 가등기 시로 소급하지 않고 본등기 시에 발생한다.

3. 본등기 후의 조치

(1) 등기관은 가등기에 의한 본등기를 하였을 때에는 가등기 이후에 된 등기로서 가등기에 의하여 보전되는 권리를 침해하는 등기를 직권으로 말소하여야 한다(법 제92조 제1항).

(2) 등기관이 가등기 이후의 등기를 말소하였을 때에는 지체 없이 그 사실을 말소된 권리의 등기명의인에게 통지하여야 한다(법 제92조 제2항).

(3) 소유권이전등기청구권보전 가등기에 기하여 소유권이전의 본등기를 한 경우(규칙 제147조)

직권말소(○)	① 소유권이전등기, 제한물권의 설정등기, 임차권설정등기, 가압류·가처분등기, 경매개시결정등기, 주택임차권(설정)등기 등 ② 가등기의무자의 사망으로 인한 상속등기
직권말소(×)	① 해당 가등기상 권리를 목적으로 하는 가압류등기나 가처분등기 ② 가등기 전에 마쳐진 가압류에 의한 강제경매개시결정등기 ③ 가등기 전에 마쳐진 담보가등기, 전세권 및 저당권에 의한 임의경매개시결정등기

	④ 가등기권자에게 대항할 수 있는 주택임차권등기, 주택임차권설정등기 등 ⑤ 해당 가등기

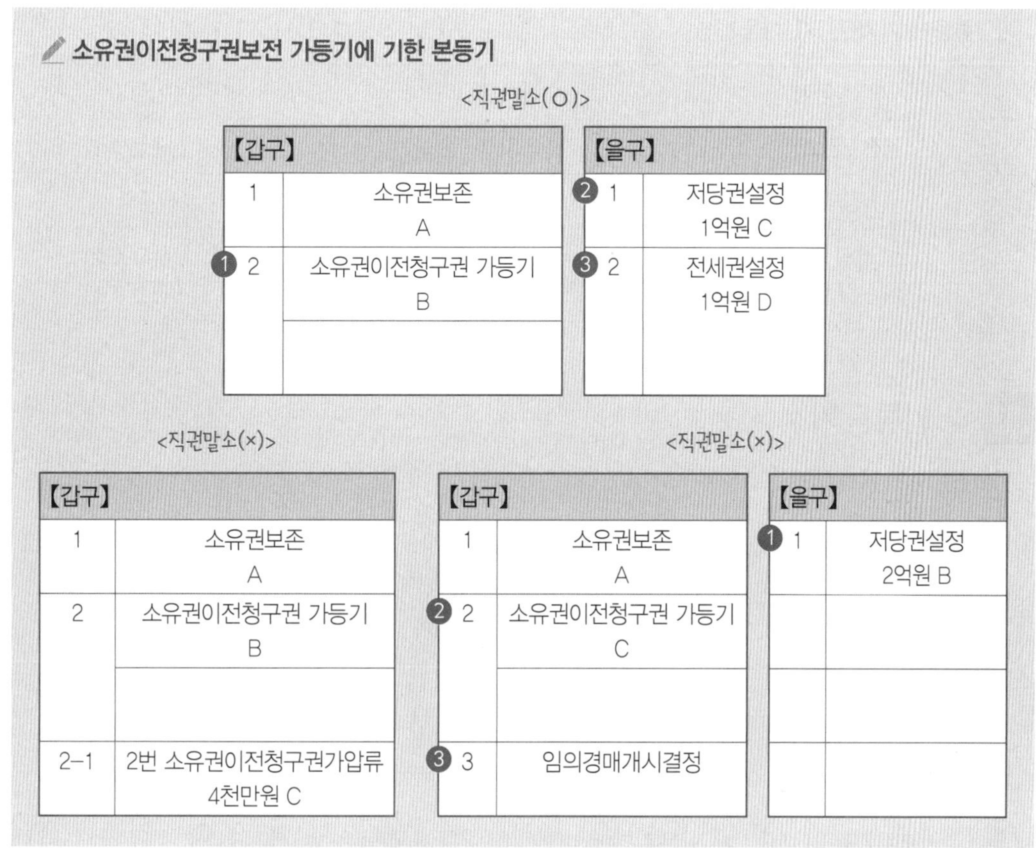

소유권이전청구권보전 가등기에 기한 본등기

<직권말소(○)>

【갑구】	
1	소유권보존 A
❶ 2	소유권이전청구권 가등기 B

【을구】	
❷ 1	저당권설정 1억원 C
❸ 2	전세권설정 1억원 D

<직권말소(×)>

【갑구】	
1	소유권보존 A
2	소유권이전청구권 가등기 B
2-1	2번 소유권이전청구권가압류 4천만원 C

<직권말소(×)>

【갑구】	
1	소유권보존 A
❷ 2	소유권이전청구권 가등기 C
❸ 3	임의경매개시결정

【을구】	
❶ 1	저당권설정 2억원 B

(4) 지상권, 전세권 또는 임차권의 설정청구권보전 가등기에 기하여 지상권, 전세권 또는 임차권 설정의 본등기를 한 경우(규칙 제148조)

직권말소(○)	① 지상권설정등기 ② 지역권설정등기 ③ 전세권설정등기 ④ 임차권설정등기 용익권만 직권말소(○) 암기 용용죽겠지
직권말소(×)	① 소유권이전등기 ② 가압류 및 가처분 등 처분제한등기 용익권 외의 등기 직권말소(×) ③ 저당권설정등기

(5) 저당권설정등기청구권보전 가등기에 의하여 저당권설정의 본등기를 한 경우 가등기 후 본등기 전에 마쳐진 모든 등기는 말소되지 않는다(규칙 제148조 제3항). 암기 저는 괜찮아유

| 제8절 | **가압류 · 가처분등기**

석's 출제포인트

가압류등기, 가처분등기, 가등기

가압류등기	가처분등기	가등기
금전채권보전	금전 외의 청구권보전	청구권보전
강제	강제	계약
법원의 촉탁	법원의 촉탁	당사자 신청

1 가압류등기

1. 의의

가압류는 금전채권을 보전할 목적으로 미리 채무자의 재산을 압류하여 그 처분권을 잠정적으로 빼앗는 집행보전제도이다.

2. 가압류의 목적물

공유지분	가압류의 대상이 된다.
합유지분	가압류의 대상이 아니다. ➡ 합유지분에 대한 가압류등기 촉탁은 법 제29조 제2호의 각하사유에 해당한다.
가등기상의 권리	가등기상의 권리는 가압류의 대상이 된다.
전세권, 등기된 임차권	가압류의 대상이 된다.
미등기부동산	미등기부동산도 가압류의 대상이 된다. 다만, 미등기부동산에 대하여 가압류등기 촉탁이 있는 경우에는 그 전제로 등기관이 직권으로 소유권보존등기를 한 후 가압류등기를 한다.

가압류등기

【갑구】	
1	소유권보존 甲
2	가압류 5천만원 丙

【을구】	
1	전세권설정 2억원 乙
1-1	1번 전세권가압류 3천만원 丁

3. 가압류등기의 촉탁 및 실행

법원의 촉탁	① 가압류등기는 법원의 촉탁으로 실행한다. ② 가압류채권자가 가압류등기를 신청한 경우 법 제29조 제2호 위반으로 각하된다.
실행	① 가압류등기는 갑구나 을구에 기록한다. 소유권에 대한 가압류등기는 주등기로 실행하고, 소유권 외의 권리에 대한 가압류등기는 부기등기로 실행한다. ② 가압류등기에는 가압류사건번호와 청구금액을 기록하고, 채권자를 기록한다.

4. 가압류등기의 말소

원칙	가압류등기는 법원의 촉탁으로 말소하는 것이 원칙이다.
예외	① 가등기 이후에 마쳐진 가압류등기는 본등기 시 등기관의 직권말소 ② 가처분 이후에 마쳐진 가압류등기는 가처분채권자의 승소 시 가처분채권자의 단독신청 말소 암기 판단

2 (처분금지)가처분등기

1. 의의

채권자가 금전 이외의 청구권을 보전하기 위하여 그 강제집행 시까지 다툼이 되는 물건이나 권리가 처분되는 것을 막기 위하여 현상을 유지시키는 집행보전제도이다.

2. 가처분의 목적물

공유지분	가처분의 대상이 된다.
합유지분	가처분의 대상이 아니다. ➡ 합유지분에 대한 가처분등기 촉탁은 법 제29조 제2호의 각하사유에 해당한다.
가등기상의 권리	① 가등기상의 권리는 가처분의 대상이 된다. ② 가등기에 기한 본등기를 금지하는 가처분등기는 허용되지 아니한다.
전세권, 등기된 임차권	가처분의 대상이 된다.
미등기부동산	미등기부동산도 가처분의 대상이 된다. 다만, 미등기부동산에 대하여 가처분등기 촉탁이 있는 경우에는 그 전제로 등기관이 직권으로 소유권보존등기를 한 후 가처분등기를 한다.

3. 가처분등기의 촉탁 및 실행

법원의 촉탁	① 가처분등기는 법원의 촉탁으로 실행한다. ② 가처분채권자가 가처분등기를 신청한 경우 법 제29조 제2호 위반으로 각하된다.
실행	① 가처분등기는 갑구나 을구에 기록한다. 소유권에 대한 가처분등기는 주등기로 실행하고, 소유권 외의 권리에 대한 가처분등기는 부기등기로 실행한다. ② 가처분등기는 가처분사건번호와 피보전권리 등을 기록한다. ③ 채권액은 등기할 사항이 아니다.

4. 가처분에 저촉되는 등기의 실행 여부

처분금지가처분에 저촉하는(=반하는) 소유권이전등기나 전세권설정등기, 저당권설정등기, 가압류등기 등 일체의 등기는 모두 허용된다.

5. 가처분등기 이후의 등기 등의 말소

단독신청 말소	①「민사집행법」에 따라 권리의 이전, 말소 또는 설정등기청구권을 보전하기 위한 처분금지가처분등기가 된 후 가처분채권자가 승소한 경우에는, 그 가처분등기 이후에 된 등기로서 가처분채권자의 권리를 침해하는 등기는 가처분채권자의 단독신청으로 말소한다(법 제94조 제1항). 암기 판단 ② 가처분채권자가 가처분채무자를 등기의무자로 하여 소유권이전등기 또는 소유권말소등기를 신청하는 경우에는, 동시에 가처분등기 이후에 마쳐진 제3자 명의의 등기의 말소를 단독으로 신청할 수 있다(규칙 제152조 제1항).
말소의 대상이 아닌 경우	① 가처분등기 전에 마쳐진 가압류에 의한 강제경매개시결정등기 ② 가처분등기 전에 마쳐진 담보가등기, 전세권 및 저당권에 의한 임의경매개시결정등기 ③ 가처분채권자에게 대항할 수 있는 주택임차권등기
가처분등기의 말소	① 등기관이 가처분등기 이후의 등기를 말소할 때에는 그 가처분등기를 직권으로 말소하여야 한다(법 제94조 제2항 전문). ② 가처분등기 이후의 등기가 없는 경우로서 가처분채무자를 등기의무자로 하는 권리의 이전, 말소 또는 설정의 등기만을 할 때에도 그 가처분등기를 직권으로 말소하여야 한다(법 제94조 제2항 후문).

가처분등기 이후에 마쳐진 등기의 말소

【갑구】	
1	소유권보존 A ⇨ B
2	가처분 채권자: B 피보전권리: 소유권이전청구권 금지사항: 일체의 처분행위
3	가압류 E
4	소유권이전 F

【을구】	
1	전세권설정 C
2	저당권설정 D

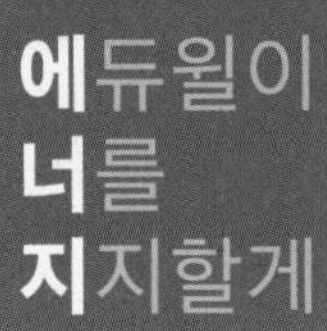

ENERGY

삶의 순간순간이
아름다운 마무리이며
새로운 시작이어야 한다.

– 법정 스님

MEMO

2025 에듀윌 공인중개사 김민석 합격서 부동산공시법

발 행 일	2025년 1월 5일 초판
편 저 자	김민석
펴 낸 이	양형남
펴 낸 곳	(주)에듀윌
I S B N	979-11-360-3574-5
등록번호	제25100-2002-000052호
주 소	08378 서울특별시 구로구 디지털로34길 55 코오롱싸이언스밸리 2차 3층

www.eduwill.net

대표전화 1600-6700

여러분의 작은 소리
에듀윌은 크게 듣겠습니다.

본 교재에 대한 여러분의 목소리를 들려주세요.
공부하시면서 어려웠던 점, 궁금한 점,
칭찬하고 싶은 점, 개선할 점, 어떤 것이라도 좋습니다.

에듀윌은 여러분께서 나누어 주신 의견을
통해 끊임없이 발전하고 있습니다.

에듀윌 도서몰

- 부가학습자료 및 정오표: 에듀윌 도서몰 → 도서자료실
- 교재 문의: 에듀윌 도서몰 → 문의하기 → 교재(내용, 출간) / 주문 및 배송

에듀윌 직영학원에서 합격을 수강하세요

언제나 전문 학습 매니저와 상담이 가능한 안내데스크

고품질 영상 및 음향 장비를 갖춘 최고의 강의실

재충전을 위한 카페 분위기의 아늑한 휴게실

에듀윌의 상징 노란색의 환한 학원 입구

에듀윌 직영학원 대표전화

공인중개사 학원	02)815-0600	공무원 학원	02)6328-0600	편입 학원	02)6419-0600
주택관리사 학원	02)815-3388	소방 학원	02)6337-0600	부동산아카데미	02)6736-0600
전기기사 학원	02)6268-1400				

공인중개사학원 바로가기

에듀윌 공인중개사 동문회 특권

1. 에듀윌 공인중개사 합격자 모임

2. 앰배서더 가입 자격 부여

3. 동문회 인맥북

4. 개업 축하 선물

5. 온라인 커뮤니티

6. 오프라인 커뮤니티

7. 공인중개사 취업박람회

8. 동문회 주최 실무 특강

9. 프리미엄 복지혜택

10. 마이오피스

11. 동문회와 함께하는 사회공헌활동

※ 본 특권은 회원별로 상이하며, 예고 없이 변경될 수 있습니다.

에듀윌 공인중개사 동문회 | dongmun.eduwill.net
문의 | 1600-6700